孟子中的大智慧

国学品悟大讲堂

GUOXUE PINWU DAJIANGTANG

古为今用，一套对中国学生真正有用的人生讲义

总策划／邢涛　主编／龚勋

让青少年受益一生的心灵鸡汤

汕头大学出版社

推荐序

品读经典，受益一生

还原国学真实面貌，与千年智者对话。

- 今天的人们在近百年内所接受的新事物比过去上千年积累的全部还要多，信息的更新速度已经超过了人们的学习速度。一些新知识、新思想还来不及仔细看上一眼就已经开始衰败，迅速成为历史的尘埃。

- 然而，那些在中国历史上辉煌过的传统文化却成为中华民族悠久文明的见证，成为民族的印记和符号。怎样让今天的孩子在这个一日千里、瞬息万变的信息时代里继承我们民族文化璀璨夺目的精华部分？这是留给今天的教育工作者的重大课题，也是本套丛书的初衷。

- 首先，不了解中华古典文化，尤其是不掌握其中的精华，将无从体会中华上下五千年一脉相承的精深大义。其次，《论语》《孟子》《庄子》《史记》《资治通鉴》《孙子兵法》《三十六计》，都是经典中的经典，每一部都能撑起一片广阔的文化天空。而在讲述方式上，娓娓道来的"品读"拂去了学术的长袍，回归经典本身，还原一个个真实亲切的智者，找寻亘古不变的真理，阅读变成一场与智慧大师的心灵对话。

- 就让这些映照过繁华盛世的民族文化穿越千年时空，给当今青少年受益终身的人生智慧。这就是国学的力量。

青少年发展基金会　林春雷

审定序

古为今用，学以致用

最经典的原著精粹，最贴心的心灵辅导。

- 中华国学源远流长，千年文明积淀了"诸子百家"的思想精粹，成就了"经史子集"的文化大观，孕育了具有独特魅力的民族气质。这是我们中华子孙所能继承的最为珍贵的文化遗产。共享祖先的智慧结晶，研读中华传统国学精华，品悟经世流传的至上真理，含英咀华，对现代人尤其是青少年学生来说称得上是一次精神的洗礼。

- 在成书过程中，编撰者在精读原典的基础上，将每部著作按照内容重点重新划分篇章，为青少年朋友提取最经典的原著精粹，奉献最精辟的解说注脚，提供最直接的生活指引，给予最贴心的心灵辅导。书中妙语如珠，处处闪现古圣先贤的大智大慧，结合现代人的生存现状，更有睿智独到的见解让人心生感慨，如沐化雨春风。读一段《论语》，领略"万世师表"诲人不倦；念一念《孟子》，体会一代亚圣的微言大义；诵一番《庄子》，品味千年圣者的才智思辨；品一出《孙子兵法》，喟叹兵家决胜千里的气度与韬略……

- 这套国学品悟大讲堂系列，一方面提高学生对国学经典的兴趣，了解中华优秀传统文化，更重要的是从中体会为人处世的道理和哲学，古为今用，学以致用，为自己积淀成功的人生。

国家一级语文教师 董 平

[爱人者，人恒爱之；敬人者，人恒敬之。

…【孟子·离娄下】…

前言

《孟子》真谛穿越千古

领略亚圣垂世风范，品读千年大道之言。

- 孟子是继孔子之后儒家最著名的代表人物，被后世尊为"亚圣"。孟子也曾周游列国，四处推行儒家的仁政措施，宣扬儒家的王道理想，却始终不能得以施行，最后只好返回故里聚徒讲学，与弟子们著书立说，给后人留下了《孟子》一书。

- 《孟子》文辞优美，雄辩精深，是儒家思想的代表性典籍之一，同时对我们每个人的现实人生也有着重要的指导意义。但在现代生活中，忙碌的人们却很少有时间或有心情去细品这千年智慧。为此，我们将经典再现，从中精选了一些最具启发性的章句，进行通俗而生动的解读，编写而成《〈孟子〉中的大智慧》这本书。

- 在坚持原著基本思想的基础上，本书打破原有的语录体章句结构，按内容进行重新编排，分成"为人修养"、"处世智慧"、"治学指导"三部分，并与之相对应地遴选了原书中有关个人修养与自我完善、人际关系与处世之道、学习态度与学习方法的章句。对于这些章句，本书不仅进行了简明的白话翻译，还分别设置了"名师讲谈"、"闲话人生"、"心灵捕手"等栏目进行现代解读，以期在这种既旧且新之中，帮助读者轻松品味经典的魅力，做一次心灵和思想的洗礼。

目录

为人修养 | 001～062

孟子思想弱水三千，在此仅取一瓢，作为我们在个人修养与自我完善方面的人生启迪。

- 002 何必曰利
  树立正确的名利观

- 005 五十步笑百步
  手指不要总指着别人

- 008 仁者无敌
  拥有一颗爱人之心

- 011 权，然后知轻重
  审视自己

- 014 可以仕则仕，可以止则止
  打破固有思维

- 017 出于其类，拔乎其萃
  每个人都能创造奇迹

- 020 古之君子，过则改之
  不为失败找借口

- 024 不怨天，不尤人
  每丛刺上都有花

- 027 彼一时，此一时
  始终保持一颗向上的心

030　当今之世，舍我其谁
　　　人人有责

033　枉己者，未有能直人者也
　　　打铁先得自身硬

036　富贵不能淫，贫贱不能移
　　　自尊是生命的衣裳

039　欲为君，尽君道
　　　把自己的事情做好

042　夫人必自侮，然后人侮之
　　　学会尊重别人

045　自作孽，不可活
　　　种豆得豆，种瓜得瓜

048　爱人者，人恒爱之
　　　送人玫瑰，手有余香

051　人皆可以为尧舜
　　　态度决定一切

054 人不可以无耻
　　 知耻而后勇

057 仰不愧于天,俯不怍于人
　　 心无愧乃安

060 往者不追,来者不拒
　　 不要为打翻的牛奶哭泣

处世智慧 | 063 ~ 118

在纷繁芜杂的现代社会,如何做事,如何处理好人际关系,成为每一个人必须面对的问题。在此,孟子教给了我们这种智慧。

064 君子远庖厨
　　 善待他人就是善待自己

067 老吾老,以及人之老
　　 要有一颗博爱之心

070 缘木而求鱼
　　 做事要讲究方法

073 天时不如地利,地利不如人和
　　 一个人的坚持笑不到最后

076 不以规矩,不能成方圆
　　 做事少不了"规矩"

079 徒善不足以为政,徒法不能以自行
　　 做事之道,莫失偏颇

082 道在迩而求诸远,事在易而求诸难
　　 身边的就是最好的

085 嫂溺，援之以手者，权也
　　 变则通，通则久

088 有不虞之誉，有求全之毁
　　 去留无意，宠辱不惊

091 人有不为也，而后可以有为
　　 审时度势，言出必行

094 友也者，友其德也
　　 真正的友谊

097 一日暴之，十日寒之
　　 走出生命的沙海

100 舍鱼而取熊掌
　　 学会取舍

104 无以小害大，无以贱害贵
　　 小不忍则乱大谋

107 仁之胜不仁也，犹水胜火
　　 只要我们努力付出

110 生于忧患而死于安乐
　　 没有危机感是最大的危机

113 穷则独善其身，达则兼善天下
　　 "我应该先改变自己"

116 民为贵，社稷次之，君为轻
　　 牵牛要牵牛鼻子

治学指导 | 119～149

学习，是一个永不落后的话题。在读书学习方面，孟子同样以诸多精彩的论述给我们以指导。

120 事半古之人，功必倍之
   一把钥匙开一把锁

123 一齐人傅之，众楚人咻之
   近朱者赤，近墨者黑

126 人之患在好为人师
   我们有多少自以为是

129 资之深，则取之左右逢其原
   学贵自得

132 博学而详说之，将以反说约也
   学习要由博返约

135 不以文害辞，不以辞害志
   知其然，知其所以然

138 求则得之，舍则失之
   阳光总在风雨后

141 非天之降才尔殊也
   把困难当做垫脚石

144 学问之道无他，求其放心而已
   学会心无旁骛

147 尽信书，则不如无书
   生活因善思而不同

为人修养

- 《孟子》的思想博大精深，处处闪耀着道德和理性的光辉。但是，它也并非高山仰止，而是蕴含着最朴素的做人的道理，这是我们每个人容易理解而且理应遵循的原则。

- 诸如，孟子以"五十步笑百步"的战争事例，告诉人们要多一些对自己的审视，不要动不动就指摘别人。他说"仁者无敌"，告诉人们要有一颗仁爱之心；他说"君子不怨天，不尤人"，告诉人们要学会调整自己的心态，以便更好地享受生活，把握人生；他说"当今之世，舍我其谁也"，告诉人们要做一个有责任心的人；他说"富贵不能淫，贫贱不能移，威武不能屈"，告诉人们要自尊自爱，做顶天立地的"大丈夫"……

- 孟子告诉了我们太多做人的道理，相信在这些千古警言的鞭策下，任何一个人都会受益匪浅。

何必曰利

[原文]……

未有仁而遗其亲者也，未有义而后其君者也。王亦曰仁义而已矣，何必曰利？ 选自《孟子·梁惠王上》

从来没有讲仁却遗弃自己父母的人，也从来没有讲义却轻慢自己君王的人。大王只要讲仁义就行了，何必讲利呢？这里讲了"义"和"利"的关系，提出不要只顾眼前的小"利"，而对"仁义"这个大利却弃之不顾。

[名师讲谈]……

这是《孟子》第一章的内容，孟子开宗明义便提出了"义利之辨"的观点，可见其对这一观点的重视程度，而这也恰恰是孟子思想学说中最重要的要点之一。关于"义利之辨"，孔子在《论语·里仁》篇中也曾说过"君子喻于义，小人喻于利"，提出要"见利思义"而不能"见利忘义"。孟子在此基础上将之进一步发挥，认为人不能只顾眼前的小利，而应该将眼光放长远些，这样才能成就大的事业。

此话为孟子拜见梁惠王（即魏惠王。魏国都城原在安邑，后因受秦威胁而迁都大梁，所以魏惠王又被称为梁惠王）时所说。此次孟子拜见梁惠王，正值魏国屡遭败绩、国势日渐衰微之际，梁惠王急于使自己的国家重新强大起来，急于洗雪国耻。所以梁惠王一见到孟子，开口便问："老先生不远千里而来，一定有什么对我的国家有利的高见吧？"孟子也没有拐弯抹角，直截了当地回答："大王只要讲仁义就行了，何必开口闭口就讲利呢？"梁惠王此时这么问，本无可厚非，但他所追求的富国强兵、攻城略地在孟子看来只是政治上的小利。而孟子在这里也并不是否定"利"，他只是告诉梁惠王，不要只顾贪图眼前的小利，如果讲求"仁义"，积极推行仁政，最终将会有利于天下、有利于百姓，这才是根本上的大利。说者有心，听者未必有意。梁惠王在急功近利的思想支配下，还是没能听进孟子的话。他被眼前的小利蒙蔽了双眼，而忘记了"仁义"这个大利。

对此，我们也可以这样认为，孟子的这一番"义利之辨"，其实也代表了一种价值观的取向。梁惠王选择了"利"，便也选择了一种利己的狭隘的价值观；孟子强调"义"，便也强调了一种泽被苍生的和谐的价值观。人的生命只有一次，选择什么样的价值观，选择什么样的方式走人生之路，对每个人而言都是一件十分严肃的事情。那么，在"义"和"利"之间，你会选择哪一个呢？

[闲话人生] ……

第一名 毕业典礼上，校长宣布获得全年级考试第一名的同学上台领奖，但是等了一会儿，台下却无人应声。

"某某，请上台来领奖。"仍然没有人走上台来。

在校长连续叫了好几声之后，那位某某同学才慢慢地走上台。

后来，老师问这位学生说："你怎么了？是不是生病了？还是没有听清楚？"

某某同学回答："不是的，我是怕其他同学没听清楚。"

[心灵捕手] ……

树立正确的名利观

　　故事中的学生果然很聪明。他不仅考试能得第一名，而且还懂得如何为自己扬名立万。殊不知，在虚荣心的驱使之下，他已经陷入了名利的羁绊之中。如果留心观察，就不难发现，其实在你我身边也时常熏染着类似的气息。大的方面不说，仅一个吃、穿、用、玩上的攀比风气，就让许多人迷失其中。这其实便是一种不正确的名利观。

　　我们要明白，名利不是争来的，而是经过自己的努力得来的，里面应当包含着自己的辛勤和汗水。我们不能陷入争名夺利的牢笼中，淡泊名利，才能集中精力做好事情、做出成绩。

　　古人说得好："利旁有倚刀，贪人还自贼。"我们应当静下心来，不为名所累，不为利所扰，体会"淡泊明志"的新境界。况且，人生的价值是多元的，它不是仅有名利可逐，仍有诸多正确的选择可作为我们的人生参考。

五十步笑百步

[原文]……

填然鼓之,兵刃既接,弃甲曳兵而走。或百步而后止,或五十步而后止。以五十步笑百步,则何如? 选自《孟子·梁惠王上》

战场上,战鼓咚咚一响,双方兵刃相接,这时一些怕死的士兵就丢了盔甲拖着兵器逃跑。有的人跑了一百步后停下来,有的人跑了五十步后停下来。跑了五十步的人讥笑那些跑了一百步的人胆小,您觉得这样的讥笑对吗?孟子用这个比喻来说明,人们看事物不能只看表面和局部,而应当看到它的本质与全局。

[名师讲谈]……

孟子的这段话后来演变成为一个著名的成语"五十步笑百步",比喻自己跟别人有同样性质的问题,却自以为优越而嘲笑或反对别人。孟子这里借用这个比喻,意在讽刺梁惠王对百姓只施小恩小惠,却不从根本上为国家做长远打算,从而使自矜其功的梁惠王意识到自己和邻国国君并无本质的不同。

当时,梁惠王一直觉得自己在治理国家时已经是尽心尽力了,而且比邻国做得要好。但是,即便如此,自己国家的百姓却没有明显的增加,而邻国的百姓也没有大量流失。对此,梁惠王不禁心存疑惑,于是向孟子求教。孟子通过"五十步笑百步"这个比喻,指出看事物不能只看表面和局部,而应当看到它的本质与全局,这就如同在战场上跑五十步的人没有跑一百步的人逃得远,但他们同样都是畏战脱逃,所以不管逃跑的距离长短有什么不同,其性质还是一样的。

由此想到一句谚语"龟笑鳖无尾",说的是福建漳州有个地方住着乌龟、鳖和猴子。有一天,乌龟看到猴子用尾巴倒挂在树枝上玩,非常羡慕。猴子决定帮帮它,便抓住乌龟的尾巴放在树枝上,将它荡来荡去。乌龟兴奋极了,从此以为自己的尾巴也很长,只是自己的壳太大遮住了视线看不见而已,其实它也可以和猴子一样做一些美妙的动作。一天,这只乌龟遇到了鳖,它嘲笑鳖的尾巴短,并说自己可以用尾巴在树上荡秋千。当乌龟爬到树上向鳖演示自己的本领时,尾巴却连枝干也没钩着,就从空中坠落了下来。这则谚语和"五十步笑百步"说的是同一个道理。

读完孟子的这段话,我们不妨重新审视一下自己,当我们在责难别人的时候,自己是否也在犯着同样的错误呢?

[**闲话人生**]……

窗　有个太太多年来不断抱怨对面的太太很懒惰:"那个女人的衣服永远洗不干净,看,她晾在院子里的衣服总是有斑点。我真是不明白,她怎么连洗衣服都洗成那个样子……"

直到有一天，有个明察秋毫的朋友到她家，才发现不是对面的太太衣服洗得不干净。这位细心的朋友拿了一块抹布，把这个太太的窗户上的灰渍抹掉，说："看，院子里的衣服是不是干净了？"

[心灵捕手]……

手指不要总指着别人

在我们身边，经常会遇到一些指摘别人的人。这种人往往自我感觉非常良好，谈论起别人的缺点或错误时，会说得"如黄河之水，滔滔不绝"，而且有一种扭曲的成就感。如果周围的听众再随上几声附和的大笑，相信他的嘴里还会喷出唾沫来。

评价议论他人是人之常性，但不可否认的是，在指摘别人的同时，同样的缺点或错误可能也存在于自己身上，只不过他们没有意识到，或者错误的程度比别人轻罢了。他们只看到了别人的错误，却对自己的错误视而不见。所以，我们可能更需要的是对自己的审视，而不是用显微镜无限地放大别人的缺点。这就好比我们常说的那句话："当你用一根手指指着别人时，有四根手指是指着自己的。"

仁者无敌

[原文]……

仁者无敌。 选自《孟子·梁惠王上》

施行仁政的人是无敌于天下的。这句话是孟子用来讲"仁政"思想的,是说君王只要施行仁政,就可以无敌于天下。

[名师讲谈]……

"仁政"是儒家历来极力推崇的政治主张,孟子也不例外。所以,当梁惠王想雪耻图强而向孟子请教时,孟子自然不会错过推行这一主张的机会,向梁惠王强调"以德治国"的重要性。

原来,在梁惠王当政期间,魏国东面战败于齐国,西面割让给秦国七百里疆土,南面受辱于楚国。面对梁惠王如何雪耻图强的问询,孟子的答复很简单:如果梁惠王能够施行仁政,在法治上减轻刑罚,在经济上降低赋税,在教育上推行儒家一贯主张的"孝"、"悌""忠"、"信"的修养和行为,便能使社会安定,财政经济充裕,人民丰衣足食。到了这个时候,人人自立自强,若再去征讨别的国家,那自然是无敌于天下。孟子给梁惠王提的这些主张,虽然没有"不战而屈人之兵"的神奇功效,却也是"得民心者得天下,失民心者失天下"的绝好阐释。

"仁者无敌"这句话,不仅适用于治国者的修养,其中的道理也同样适用于普通人。

东汉时人荀巨伯去探望生病的朋友，正赶上胡贼围攻朋友所在的城池。城中人纷纷离城逃命，荀巨伯为照顾朋友留了下来。朋友劝荀巨伯赶快离开，荀巨伯说："我岂能败坏'义'而离开以求活命呢，这不是我荀巨伯的行为！"贼兵闯进来见到荀巨伯，问他为什么别人都逃跑了而他却不逃。荀巨伯说："朋友身染重病，我不忍心丢下他。我宁愿用我的性命代替朋友的性命。"贼兵议论纷纷："我们这些没有道义的人，却闯入了有道义的国土！"于是，胡贼从城中撤军。

由此可以看出，只要我们拥有一颗仁爱之心，便会拥有一种无人能及的壮阔胸怀。有了这样的修养和"浩然之气"，就能够无所畏惧，同时，也会得到别人的倾慕与尊重。

[闲话人生] ……

爱人之心　有位孤独的老人，无儿无女，又体弱多病，他决定搬到养老院去。老人宣布出售他漂亮的住宅，购买者闻讯蜂拥而至。住宅底价8万英镑，但人们很快就将它炒到了10万英镑，而且价钱还在不断攀升。老人坐在沙发里，满目忧郁，若不是健康状况不好，他是不会卖掉这栋陪他度过大半生的住宅的。

这天,一个衣着朴素的青年来到老人眼前,他弯下腰,低声说:"先生,我也好想买这栋住宅,可我只有1万英镑。可是,如果您把住宅卖给我,我保证会让您依旧生活在这里,和我一起喝茶、读报、散步,天天都快快乐乐的——相信我,我会用整颗心来照顾您!"

老人颔首微笑,把住宅以1万英镑的价格卖给了他。

[心灵捕手]……

拥有一颗爱人之心

故事中的青年也很想买下老人的住宅,但他没有巨额的资金与其他买家竞争,可他拥有一颗爱人之心:可以让老人继续留在住宅里,用整颗心来照顾老人。老人微笑着接受了这个报价。看来,一个人要想完成梦想,不一定非得靠残酷的竞争和欺诈,有时,只要你拥有一颗爱人之心就够了。

如果一个人拥有了一颗爱人之心,那他一定是快乐的。因为他在关爱别人的同时,自己的心也是温暖的、感动的。我们每个人都需要爱,生活中也不能缺少爱。对亲人和朋友多一份爱心,我们会感到更温馨;对陌生人多一份爱心,我们会多收获一个微笑;对每一个人、每一件事物多一份爱心,世界会变得更美好!这便如毕淑敏所说,爱是一面辽阔的回音壁,微小的爱意反复地响着、折射着,变成巨大的轰鸣。

权，然后知轻重

[原文]……

权，然后知轻重；度，然后知长短。物皆然，心为甚。 选自《孟子·梁惠王上》

一件东西，用秤称过才知道它的轻重，用尺量过才知道它的长短。各种事物都是这样，而一个人的心理更是如此。这句话告诉我们，一个人只有经常自我反省，并正确地衡量自己，才能认识自己、提高自己。

[名师讲谈]……

孟子这句话旨在强调自我反省的重要性。关于这一点，老子曾说过"知人者智，自知者明"，认为一个人要有自知之明，要能正确地认识自己。孟子在此基础上又提出人还要经常自我反省。这一点，却又迎合了儒家先贤曾子的观点，也就是孔子的学生曾参。曾子说："吾日三省吾身。"他强调人每天要多次地反省自己。老祖宗的话还是有道理的，所以我们也还是要听一听的。只有经常自我反省，我们才能避免犯错误，也才能在对自己审视的目光中不断得到提升。这样的事例在古代人物的身上并不鲜见。

大禹的儿子启在父亲死后夺取了王位，并攻杀大禹选定的继承人伯益。有扈氏部落不服，启发兵攻伐，却被有扈氏打败。启感慨地说："我的兵比他多，地盘比他大，却被他打败，这一定是我的德行不如他、带兵方法不如他的缘故。从今天起，我一定要努力改正过来。"从此，启严于律己，过着粗茶淡饭的俭朴生活；他还尊老爱幼，任用有才干的人，尊敬有品德的人。启渐渐赢得了民心，后来他再次出兵，终于攻灭了有扈氏，巩固了王位。

我们且先不说启此后如何一反贤德的作风，生活又如何变得腐化起来，单就他能够认识到自己的不足，并付诸行动、进行改正，从而使自己得到了完善和提高这一点而言，就足以给我们一些有益的启示。

"金无足赤，人无完人。"每个人都有一些优点和缺点，我们不妨少一些对自己的肯定和赞扬，多一些对自己的检讨和反省。只有这样，我们才能知道在自己的思想、行为中，哪些是需要改正的，哪些需要继续发扬。做到这些，我们才能渐渐地接近"足赤"，靠近"完人"。

[闲话人生]……

松鼠的快乐 春天到了，一只松鼠在树枝间跳来跳去。一不小心，它从树上掉了下来，偏巧砸在一只正在树下睡觉的狼身上。狼一下子蹿起来，抓住了松鼠就要吃掉它。松鼠恳求狼饶命。

狼说："我可以放了你，但你必须告诉我一件事，为什么你们松鼠总是一天到晚快快乐乐，在树上玩啊跳啊，而我却总是觉得烦闷？"

松鼠说："你先放了我，我到了树上再告诉你，要不然我心里害怕。"

狼放了松鼠，松鼠飞快地上了树，它站在树梢上说道："你觉得烦闷是由于你秉性凶恶，凶恶折磨着你的心；我们快乐是因为我们善良，我们从来不对任何人做什么坏事。"

[心灵捕手]……

审视自己

故事中的狼没有认识到，一颗凶残暴虐的心在无形中折磨着自己，这才是它烦闷的根源。松鼠替它说出了真相。

我们人类也经常会犯同样的错误。有人说，上帝在每个人的肩膀上都挂了一只袋子，袋子的一头搭在胸前，一头搭在背后。胸前的一头装着这个人的优点，背后的一头装着这个人的缺点。结果，每个人只要一睁开眼睛，就会看到自己的优点，却看不到自己的缺点。所以，我们经常会为自己拥有很多优点而沾沾自喜，却对深陷在自己的缺点之中而丝毫不觉。这时候，我们最需要的就是多一些对自己审视的目光，就如同每天照镜子一样，也照一照自己行为和心理上的污垢。这时你就会发现，在安然和闲适中，可能隐藏着一个空虚沦落的自己；在昂扬奋进中，可能隐藏着一个惨白无知的自己……我们只有多一些审视，多一些自省，才能改掉陋习和缺点，才能真正地把握自己的人生。所以，我们不妨时时回首，看看上帝搭在我们肩膀上的袋子，未来的路会有所不同。

可以仕则仕，可以止则止

[原文]……

可以仕则仕，可以止则止，可以久则久，可以速则速。 选自《孟子·公孙丑上》

可以做官就做官，可以不做就不做，可以长久留任就长久留任，可以迅速离任就迅速离任。这句话讲的是一种处世方式，告诉人们要顺应时势的变化，保持一种恰如其分的态度。

[名师讲谈]……

在《孙子兵法·九变篇》中有这样一句话："塗有所不由，军有所不击，城有所不攻，地有所不争，君命有所不受。"孙武这里说的是"不"，而孟子则说的是"可以"，二者虽然角度有异，却说的都是同一个道理：要根据时势的变化，采取适合的方法。

对于大多数人来说，往往谁都明白夏天要少穿些衣服，冬天要多穿些衣服，然而事到临头，尤其在遇到一些复杂的事情时就未必都明白应该如何处理，甚至有可能弄巧成拙。

《列子·说符》中记载了这样一个故事：鲁国施姓人家有两个儿子，一个专攻学术，一个擅长军事。专攻学术的儿子以学术谋求齐侯任用，齐侯让他担任公子们的老师。擅长军事的儿子以兵法向楚王求取官职，楚王委任他为将军。施家的邻居孟家也有两个儿子，从事的学业与施家两个儿子相同。他们模仿施家两个儿子的做法，一个以学术求仕于秦王。秦王说："当今诸侯凭武力争夺天下，只讲学术乃灭亡之道。"秦王一怒之下对他施以宫刑。孟家另一个儿子以兵法求仕于卫侯。卫侯说："我们是弱国，只求安保，如果依靠军事，那灭亡之日就不远了！你这样的人日后到了别的国家，定会成为我国的祸害。"于是卫侯下令砍断了他的双脚。

施家的两个儿子在求职过程中迎合了各自雇主的需要，求职成功；而邻居家的两个儿子却盲目地求职于秦王和卫侯，终落得个悲惨的下场。从故事中可以看出，一个人如果认清时势、顺应时势就容易成功，反之则不然。现代社会也时时处处充满着机遇和挑战，我们只有懂得顺应时势的需要，采取一种恰如其分的态度，才能抓住机遇，取得成功。正如谋略大师冯梦龙在《智囊》一书开篇中表达的意思："智慧没有固定的模式，以顺应时势者为最高。"

[**闲话人生**]……

不拉马的士兵　一位年轻的炮兵军官上任后，到下属部队视察操练情况，他发现了一个奇怪的现象：在操练中，总有一个士兵自始至终站在大炮的炮筒下，纹丝不动。经过询问，他得到的答案是：操练条例就是这样规定的。

原来,条例因循的是用马拉大炮时代的规则,当时站在炮筒下的士兵的任务是拉住马的缰绳,防止大炮发射时产生的后坐力让马移动,以减少再次瞄准的时间。现在大炮不再需要这一角色了,但条例没有及时调整,便出现了不拉马的士兵。这位军官的发现使他得到了国防部的表彰。

[心灵捕手] ……

打破固有思维

故事中军队的操练条例仍停留在用马拉大炮的时代,这显然不能顺应时势的变化。炮兵军官没有死板地因循旧的制度,而是报给上级取消了这一资源浪费的现象。这给了我们一个有益的提示,不要用一成不变的眼光看问题,不要用僵化的思维思考问题,而要积极地顺应时势,不断调整自己的尺度和标准。古希腊哲学家赫拉克利特曾说过一句千古名言:"人不能两次踏入同一条河流。"一语道出了万物都在不停运动的深刻道理。

在处理一些事情时,人们大多会预先制订好一个计划。这无疑是一件好事,因为它会有助于我们更好地完成这件事。但是,事物都是处于不断变化之中的,一件事情的发展可能会超出我们的预料。此时,如果我们仍然死板地按照预先拟定的计划去做,必然会使自己的目光停留在小小的一隅,思维也被限制在一定水平,其结果必然会走许多弯路,甚至功败垂成。

出于其类，拔乎其萃

[原文]……

圣人之于民，亦类也。出于其类，拔乎其萃，自生民以来，未有盛于孔子也！　　选自《孟子·公孙丑上》

圣人与一般老百姓相比，是同类。只是圣人高出于他的同类，而孔子又高出于圣人。自从有人类以来，还没有比孔子更伟大的。这句话意在称颂孔子，同时也告诉我们，一个人只要肯付出努力，就能够取得成功。

[名师讲谈]……

孟子研习儒家学说，对孔子非常尊崇。这里，孟子便引用孔子的学生有若的话赞美孔子："出于其类，拔乎其萃。"这句话后来逐渐演变成为成语"出类拔萃"，形容人的品德才能出众，高出同类之上。

孟子引用这句话，在对孔子推崇备至的同时，也告诉我们，无论孔子如何"拔萃"，他终究和我们一样，是属于同"类"，只不过孔子善于从学识、道德修养等各方面不断地充实自己。这一点在《论语》中有着众多的记述，比如说孔子"学而不厌""三人行必有我师焉"等，也正因如此，他才最终"出于其类，拔乎其萃"。

有关古人通过自己的努力而最终取得成功的事例有很多，北宋时期的司马光便是一例。司马光小时候记忆力较差，一篇文章要背二三十遍才能记住。他为了背文章，常常读书到深夜，有时候他困得睁不开眼睛，有时候甚至迷迷糊糊就睡着了，直到天亮才醒。司马光觉得晚上的时间全睡去了，非常可惜，于是便想出一个办法。他把平时睡的枕头搁在一边，而用一段圆木代替枕头。他想只要睡到半夜，一个翻身，枕头滚走，头部跌落下来就会马上惊醒，这样就又可以继续读书了。从此他每天早早地起床读书，坚持不懈，终于成为了一位出类拔萃的大文豪，写出了鸿篇巨制《资治通鉴》。

慢说其他古人，即便孟子本人，不也是经过了刻苦钻研，才逐渐成为一位具有深厚修养的儒学大师，并享有了"亚圣"称誉吗？不也是"出于其类，拔乎其萃"的典范吗？自从这句话自孟子之口出，"出类拔萃"似乎变成了赞颂那些才能超众者的专用词。其实，假如从现在开始，你也肯付出、肯努力、肯充实自己，也能成为出类拔萃的一员。

[闲话人生] ……

正视卑微 20世纪40年代，一个10岁的意大利男孩怀揣着长大后成为男高音歌唱家的梦想，胆怯地走进一家为贵族子弟开办的音乐学校。

男孩出生在一个靠卖面包为生的家庭里，他非常珍惜难得的学习机会，比谁学习都刻苦。一次年末，全班同学中只有那个男孩通过了校长近似苛刻的考试。校长严厉地指责其他学生身处良好的环境，竟然得过且过，浪费光阴，只有那个男孩是班上最优秀的。

"校长，你有没有弄错，他可是卖面包的孩子啊！"教室里的学生发出一片嘲笑声。这个男孩脸羞得通红，低下头一言不发。"孩子，把正视卑微当成你人生的第一堂课。卑微并不可怕，不思进取才是最不能容忍的。我相信你将来也是最优秀的。"

这个男孩果然没有让他的校长失望，经过不懈努力，他终于实现了儿时的梦想，成为当时最伟大的男高音歌唱家。他就是帕瓦罗蒂。

[心灵捕手]……

每个人都能创造奇迹

从一个出身贫寒的孩子，成长为伟大的男高音歌唱家，帕瓦罗蒂的故事让我们懂得：成功并不因一个人出身卑微而不去眷顾他，相反，只要肯付出努力，每个人都能够创造人生的奇迹。

卑微中能创造奇迹，平凡中亦能成就伟大。每个人并不是生来就万事俱备，"舜发于畎亩之中，傅说举于版筑之间，胶鬲举于鱼盐之中，管夷吾举于士，孙叔敖举于海，百里奚举于市"，一位位历史上的佼佼者，均起于卑微与平凡之中。面对一时的窘境，我们当突破自卑的羁绊，"发挥主观能动性的闸门，启动聪明才智的马达"，锲而不舍地去战胜每一个困难。如此，你便能出类拔萃，缔造属于你的奇迹和辉煌。

古之君子，过则改之

[原文]……

古之君子，过则改之；今之君子，过则顺之。古之君子，其过也，如日月之食，民皆见之；及其更也，民皆仰之。今之君子，岂徒顺之，又从为之辞。选自《孟子·公孙丑下》

古时候的君子，犯了错误就改正；现在的君子，犯了错误却将错就错。古时候的君子，他的过错就像日食和月食一样，别人都看得见；等他改正了错误，别人依然敬仰他。现在的君子，不仅仅将错就错，还要为自己的错误寻找各种借口。这段话指导人们，若是犯了错，应该主动承认错误、改正错误，不要为自己犯的错寻找借口。

[名师讲谈]……

关于"过"与"改"，古人对此论述颇多。《左传·宣公二年》中便曾提及："人谁无过？过而能改，善莫大焉。"强调的就是要勇于改过。孔子也曾说过"闻过而喜"、"过则勿惮改"的话。在这里，孟子继承了儒家对待"过"的一贯态度，认为一个人犯了错误并不可怕，如果他能改过向善，仍不失为一个值得称颂的君子；可怕的是明明知道犯了错还要寻找各种借口为自己开脱，这样的人是无法与以往那些知错必改的君子相提并论的。

古人反复述说知过必改的道理，而知过必改的实例也不在少数。三国时期的周处便是其中的一位。

周处是东吴之人，他幼年丧父，年少时轻狂放荡，成为乡里恶名昭彰、众人避之唯恐不及的人物。有一天，周处问乡里的长辈："当今时局平和，又是丰年，大家为什么都苦闷不乐呢？"长辈叹道："三害未除，何乐之有！"周处追问是哪三害，得到的答案是："南山白额虎，长桥下蛟龙，还有欺负百姓的恶人。"于是周处自告奋勇，先入山杀了猛虎，又下水与蛟龙缠斗，浮沉数十里，一连三天三夜没有消息。乡里人以为周处死了，都互相庆贺。后来，周处活着回来了，他见此情景，才知道自己在乡民眼中是何等祸患，顿时心生悔意。于是，他便去拜访名士陆机、陆云兄弟，以实情相告，表示自己想改过自新，但他又担心自己的岁月已经荒废了，怕最终没有什么成就。陆云勉励周处树立远大的志向，这样尚有前途。于是周处励志好学，从此文章有思想，志向存义烈，言谈讲忠信而守分寸，终于成为一代名臣。

周处知错能改，"善莫大焉"。所以，一个人犯了错误并不可怕，只要及时改正，就能够得到别人的原谅，也能使自己在人格上得到提升。这是一种积极向上的态度，我们应该提倡。不可否认的是，知错不

改、顽固不化者也大有人在，甚至为自己寻找各种借口开脱，那就是错上加错，其结果必然是既害人又害己，便如孔子所说："过而不改，是谓过矣。"（《论语·卫灵公》）对此，我们要坚决予以摒弃。

[闲话人生]……

借口　老师：这次考试为什么考得这么差？

小丸：我的眼镜度数不够。

小叶：我的脖子扭伤了。

小芳：我前面的同学个子太高。

小蓝：我旁边的同学用铅笔，看不清楚。

老师：那小新你呢？

小新：因为我坐他们四个中间。

[心灵捕手]……

不为失败找借口

以上几位学生，可谓将考试考不好的借口演绎到了极致。他们没有看到自身的过错——平时学习不努力，考试答题不认真，而是为自

己寻找各种借口，甚至将过错归咎于他人。以他们如此态度，下次考试的成绩不会有改变，他们也可能会依旧为自己继续寻找各种借口。

寻找借口也许是人的本能，因为一个借口可以使自己受挫的心享受短暂的快乐，或者会为能逃过责任而暗自庆幸。殊不知，借口所说的原因，也许恰恰是自己不能成功的真正原因。

生活中，我们难免会遇到一些挫折、会犯一些错误，如果一到这时，我们便为自己寻找借口，那你将永远在原地踏步。要想朝着成功的方向迈进，我们就必须远离那些冠冕堂皇的理由，因为它们是一个个温柔的陷阱，是最终会导致你身败名裂的坟墓。所以，我们要学会不找借口。不找借口，意味着你能从过错或失败中找到根源所在，并极力去改正，从中吸取教训，从而比别人多一份成功的机会；不找借口，意味着你全力以赴去做事，从而激发你的最大潜能，做到别人不能做到的事。就如闻名遐迩的美国西点军校那个著名的标准答案一样，"没有任何借口"，唯有如此，我们才能走出固步自封的泥淖，让自己得到提升。

不怨天，不尤人

[原文]……

君子不怨天，不尤人。 选自《孟子·公孙丑下》

一个有道德修养的人不抱怨天，不责怪人。这句话是讲道德修养的，表现了一种良好的心态。

[名师讲谈]……

我们都知道有一个成语叫"怨天尤人"，意思是遇到挫折、麻烦时一味抱怨命运和别人，而不寻找自身的原因。这个成语便是由"不怨天，不尤人"演化而来。而这句"不怨天，不尤人"其实也并非孟子原创，它出自《论语·宪问》。

孟子本想在齐国推行自己的政治理想，但是齐威王却无意于此，最终孟子只好选择离开。如孟子这般才高八斗的人才，却无用武之地，世人都不免为他感到惋惜，然而孟子自己却"不怨天，不尤人"，保持了一种宠辱不惊的心态。也正因为如此，孟子才能安心治学，终成大儒。

古人之中，失意之时不怨天、不尤人的人比比皆是，孔子最得意的弟子颜回便是其中的一位。颜回住在荒僻的巷道里，过着极其艰苦的生活。他盛饭用的器皿是竹子做的，舀水用的器具是木头做的。这种境况如果落在别人头上，必是不堪忍受，但颜回却始终感到满足、快乐。孔子十一代孙孔安国说这是一种"安于贫而乐于道"的品德，孔子也曾在鲁哀公面前称赞颜回，说他"不迁怒，不二过"。颜回身处窘境，但他不怨天，不尤人，安贫乐道，勤奋好学，终于成为孔门弟子七十二贤之一。

我们也有遭遇挫折的时候，也难免产生畏难心理。我们当以积极向上的微笑面对接踵而至的新一天，因为"如果你因错过太阳而哭泣，那么你也将错过群星"。

[闲话人生]……

玫瑰的故事 一对孪生小姐妹走进玫瑰园。不久，姐姐跑到妈妈面前，说："妈妈，这里是个坏地方。"

"为什么呀，我的孩子？"

"因为这里的每朵花下都有刺。"

不一会儿，妹妹也跑到妈妈面前，说："妈妈，这里是个好地方。"

"为什么呀，我的孩子？"

"因为这里的每丛刺上都有花。"

母亲听了沉思起来。

[心灵捕手]……

每丛刺上都有花

为什么同在玫瑰园，姐姐认为这里是一个坏地方，妹妹却认为这里是一个好地方？究其因，是姐妹二人的心态不同，从而导致看问题的角度不同。

在忙碌的生活和学习中，我们难免会遇到挫折和不快。这时候，我们不能一味地抱怨命运的不公，或者责备别人，因为这样只能使自己徘徊在受挫的阴影中而无法走出来。有时候，给我们以阻碍的环境是无法改变的，既然如此，我们何不改变一下自己的心态，也许，这正是上天赐给我们的一次磨炼自己的机会。完满的结果固然令人欣喜，但我们孜孜追求的过程更是一笔宝贵的财富。所以，调整自己的心态吧，因为只有心态平和，我们才能更好地享受生活，把握人生。

印度诗人泰戈尔曾经说过："当你为错过太阳而流泪时，你也将错过群星了。"是啊，在我们为受挫而怨天尤人的时候，也许机遇正悄悄地从我们身边溜走。我们虽然无法选择人生和命运，但我们可以选择用什么样的心态和方式去面对。只有抛开那些无谓的抱怨，调整好心态，你才能正确地看待得与失，才能给自己的人生一个明晰的定位，也才能在前进的道路上充分发挥自己的潜力。

彼一时，此一时

[原文]……

彼一时，此一时也。 选自《孟子·公孙丑下》

那是一个时候，现在又是一个时候。这句话本是孟子的自我解嘲之语，意在表示自己不会因为一次受挫而放弃"平治天下"的理想，表现了孟子永不言退的精神。

[名师讲谈]……

在战国诸侯中，孟子认为只有齐国有实力实现中国的统一，所以他一直希望能够说服齐威王行以王道，以实现自己的政治理想。然而结果却令他失望，齐威王当时正处于刚刚打败魏惠王的兴奋之中，对于孟子这样的老学究丝毫没有兴趣，所以孟子只好带着学生郁郁而归。孟子的学生以为老师会为此而不开心，孟子却说"彼一时，此一时也"。孟子这么说，虽然带有自我解嘲的味道，但同时也明确表达了自己不会因为一次受挫就放弃理想的坚定决心。

如同孟子，一个人在人生中难免有低潮的时候，或长或短，但只要肯付出努力，积蓄力量，有朝一日定能一鸣惊人；反之，命运也不会眷顾于他。有一句话叫"三十年河东，三十年河西"，说的是唐朝的一个故事。唐将郭子仪为平定安史之乱立下了汗马功劳，唐皇重赏郭家，并为郭家建造了富丽堂皇的河东府。不久，郭子仪添了一个孙子。郭子仪的孙子从小生活在蜜罐里，他长大后挥霍无度，等到先辈们去世后，没几年就把家产挥霍一空。他沿街乞讨来到河西庄,寻访到三十多年前的奶妈家。等他进入奶妈家里,只见粮囤座座,牛马成群。郭子仪的孙子非常讶异。奶妈的儿子说:"家产再大,也有吃空的时候。家母在世时,教我们发奋创业、勤俭持家,这才创得这份家业。"郭子仪的孙子听后非常惭愧。奶妈的儿子不忘旧情,留下郭子仪的孙子管账,无奈他对账务一窍不通,奶妈的儿子不禁叹道:"真是三十年河东享不尽荣华富贵,四十年河西寄人篱下。"

一时的失意,并不代表永远失意;同样,一时的成功,也不代表永远成功。所以,无论我们做任何事情,最为关键的是要永远保持一颗向上的心。

[**闲话人生**]……

上山与下山　在同一条石板小道上,上山的人和下山的人擦肩而过。上山的人虽然汗流浃背,但却兴致勃勃,并主动和下山的人打招呼:"山上好玩吗?"下山的人疲惫不堪,连连摇头:"一座破庙,几尊菩萨,没意思。"上山的人不以为然:"噢,是吗?上去看看再说。"说完,上山的人擦一把汗继续向上攀登。过了一段时间,这拨上山的下来了,又碰到另一拨兴致勃勃向上爬的人。"山上好玩吗？""一座破庙，几尊菩萨，没意思。"但上山的人不以为然："噢，是吗？上去看看再说。"

[心灵捕手]……

始终保持一颗向上的心

在各种各样的"山"上，不断有人上去，也不断有人下来。这一座座"山"就好比人们努力追求的成功，在人们没有获得成功的时候，成功是神秘的，值得苦苦追求；一旦获得成功，又会觉得不过如此，甚至会有一种失去对手的空虚。这时候，成功者很容易会失去继续前进的激情，而要想在成功的道路上走得更远，就必须始终保持一颗向上的心。

成功不是偶然的，它需要吃别人不能吃过的苦，走别人不曾走过的路，需要有奋发向上的激情，需要保持一颗向上的心。唯有如此，你才能不断进步，否则你只能成为一个不幸的、可悲的失败者。面对生活中的坎坎坷坷，我们要始终向前看，假如一个人总揪住过去不放，那他将一生不得志。"彼一时，此一时"，只要我们有一颗向上的心，并付诸努力，那么，"彼"时的失落终会变成"此"时的辉煌。

当今之世，舍我其谁

[原文]……

如欲平治天下，当今之世，舍我其谁也？

选自《孟子·公孙丑下》

如果要和平地治理天下，当今这个世界上，除了我还有谁呢？孟子以天下为己任，体现了他极强的自信心和责任感。

[名师讲谈]……

"当今之世，舍我其谁也？"看了这句话，有人可能会说孟子不可一世，简直狂妄到了极点。其实不然，"舍我其谁"恰恰反映了儒家理论入世的思想，表现了一种以天下为己任的社会责任感和使命感。孟子这种积极入世的人生观，与老子的清静无为不同，亦比孔子"道不行，乘桴浮于海"的无可奈何更为坚毅和充满斗争意志，具有一种当仁不让的气魄。正因为有了如此强烈的自信心和责任感，孟子才得以冲破重重的困难和挫折，最终实现自我的人生价值。

责任的存在是上天对我们的一种考验，不同的选择将会让你在世上留下不同的痕迹。20世纪初，一位名叫弗兰克的人开办了一家小银行。不幸的是，他的银行被劫匪洗劫一空，他破产了，储户失去了存款。弗兰克决定偿还那笔天文数字般的存款，所有的人都说这不是他的责任，弗兰克回答："在法律上也许我没有任何责任，但是在道义上我却有责任，我应该偿还。"弗兰克用几乎一生的辛酸和汗水偿还了所有的"欠款"，完成了他的责任，也给我们留下了一笔宝贵的财富。

以上的事例正好可以用美国作家刘易斯的一句话来形容："尽管责任有时使人厌烦，但不履行责任，只能是懦夫、不折不扣的废物。"的确，勇于承担责任的人才称得上是伟丈夫，而逃避责任则是懦弱的表现。当然，承担责任往往是需要付出代价的，正如孟子所说："故天将降大任于是人也，必先苦其心志，劳其筋骨，饿其体肤，空乏其身，行拂乱其所为，所以动心忍性，曾益其所不能。"只有拥有责任感，身处逆境时才能被激发出强烈的进取精神，也才会使你拥有一种大人格、大境界、大胸襟！

[闲话人生]……

强者　五岁的艾艾和爸爸、妈妈、哥哥一起到郊外游玩，突然间下起雨来，可是他们只带了一块雨披。爸爸将雨披给了妈妈，妈妈给了哥哥，哥哥又给了艾艾。

艾艾问道："为什么爸爸给了妈妈，妈妈给了哥哥，哥哥又给了我呢？"

爸爸回答道:"因为爸爸比妈妈强大,妈妈比哥哥强大,哥哥又比你强大呀。我们都会保护比较弱小的人。"

艾艾往左右看了看,然后跑到了一边,将雨披撑在了一朵在风雨中飘摇的娇弱小花上面。

[心灵捕手]……

人人有责

在艾艾的思想里,他比小花要强大,所以觉得自己有责任保护它。如此幼小的孩子,可能还不能真正理解责任是什么,但他却有一种自觉的责任心。那我们呢?我们内心是否也存在这样一种责任心呢?

"天下兴亡,匹夫有责。"责任心是一个优秀的人所必需的重要素质,也是衡量一个人成熟与否的重要标准。我们每个人都应该拥有责任心,正如罗曼·罗兰所说:"在这个世界上,最渺小的人与最伟大的人同样有一种责任。"只不过,不同的人承担着不同的责任。就如同那句话所说:"花有果的责任,云有雨的责任,太阳有光明的责任。"世界上万事万物,都有自己的责任。克里姆林宫曾有位尽职尽责的老清洁工,她说:"我的工作同叶利钦的工作差不多,叶利钦是在收拾俄罗斯,我是在收拾克里姆林宫。每个人都是在做好自己该做的事。"

一个具备完整人格的人,他永远不会选择逃避自己的责任。我们应该像孟子一样,有一种"舍我其谁"的大气魄。

枉己者，未有能直人者也

[原文]……

枉己者，未有能直人者也。 选自《孟子·滕文公下》

自身行为不端正的人，是无法去纠正他人的。这句话的意思是说，正人先正己，要求别人做到的，首先自己要先做到。

[名师讲谈]……

战国时期，战乱频仍，儒家的仁政思想在当时所能发挥的作用非常有限，但如苏秦、张仪之流的纵横家却能大行其道。所以，在孟子推行自己的政治思想屡屡受挫的情形下，他的学生陈代建议他采取"枉尺而直寻"的方法。这是一种以屈求伸的策略，意思是说不必过于坚持自己的主张，可以先顺着当时那些诸侯的脾气，然后再慢慢实施自己的思想主张。孟子是一位正直的君子，他不屑采用这种有投机取巧之嫌的方式，便义正词严地说道："枉己者，未有能直人者也。"他认为这样会扭曲自己的人格，是一种不端正的行为，如果连自己的行为都不端正，又如何去纠正别人的错误呢？

正己正人是儒家一贯倡导的思想，《论语》中便有颇多相关的论述。比如《论语·子路第十三》中便有"不能正其身，如正人何"之说，意思是如果不能使自己品行端正，那又怎能使别人品行端正呢？再如，同样是《论语》中，孔子说："其身正，不令而行；其身不正，虽令不从。"即表示如果当权者本身品行端正，即使不下命令，百姓也会执行；如果当权者本身行为不正，即使下命令，百姓也不会服从。这些说的都是正人先正己的道理。

儒家一贯提倡"经权之辨"，孟子也不例外。但在立身处世方面，孟子却始终坚持自己的原则，丝毫不容苟且。也许，正因为孟子的这份坚持，才使得他成为"亚圣"，也使得他的学说历千年而不衰。

[**闲话人生**] ……

原来如此　甲：新搬来的邻居真是太可恶了！

乙：怎么回事？

甲：昨天晚上都半夜三更了，他竟然跑来猛敲我家的门。

乙：的确可恶！

甲：真是气死我了！

乙：你有没有马上报警？

甲：没有。我当他们是疯子，继续吹我的小喇叭。

[心灵捕手]……

打铁先得自身硬

　　上面故事中的那位甲，面对新邻居的半夜敲门可谓怨之又怨。殊不知，正是他那只"多情的小喇叭"才吹得邻居恨心大动。所以，事出必然有因，如果能先看到自己的不是，分析原因，再采取行动，那结果必然不同。我们周围也有一些人对别人总是指手画脚，要求这要求那，但他们却没有想过，自己要求别人做的事自己做得怎么样呢？

　　打铁先得自身硬。在我们就某一方面指责别人的时候，可以先检视一下自身，看看自己有没有资本对别人说三道四。如果你在这方面做得比对方好，那么你可以委婉地指出来；如果你也存在同样的问题，甚至比对方还要严重的话，那你只好暂时缩回舌头、闭紧嘴巴、蜷起手指，把指责别人的话先吞进肚子里再说。做事情也是一样，当我们严格要求或指导别人去做某事时，不要只顾自己在旁边指手画脚，应该首先严格要求自己或自己先做到。只有自己先做出表率，才能使自己对别人的要求具有说服力。否则自己都没有做到却要别人去做，是绝难服人的。

富贵不能淫，贫贱不能移

[原文]……

富贵不能淫，贫贱不能移，威武不能屈，此之谓大丈夫。 选自《孟子·滕文公下》

富贵不能使他骄狂，贫贱不能改变他的心志，威武不能使他屈服，这样才叫做大丈夫。这句话是孟子对理想人格的一种论述，表现了一种做人要有尊严和志气的"大丈夫"精神。

[名师讲谈]……

修养功夫一直是儒家所反复强调的，而重视品德操守、培养气节、锻炼意志更是儒家历来所追求的，《论语》中便屡屡有"三军可夺帅也，匹夫不可夺志也"、"志士仁人，无求生以害仁，有杀身以成仁"等论述。孟子继承了孔子的这一思想，并将其发扬光大，且也说过一些关于理想人格的经典之语，其中尤以"大丈夫"精神最为典型。

孟子这一番关于"大丈夫"精神的论述，影响了中国历代的许多有志之士，并成为他们不畏强暴、坚持正义的座右铭。在众多这样的"大丈夫"之中，汉代的苏武便是著名的一位。西汉武帝时，苏武奉命出使匈奴。不料匈奴发生内乱，苏武受牵连被扣留下来，并被要求背叛汉朝，臣服单于。单于先是用丰厚的俸禄和高官引诱苏武，被苏武严词拒绝。后来，单于又将苏武关在露天的地窖中，断绝食物和水。苏武在地窖里受尽了折磨，他吃雪解渴，嚼毡毛充饥，仍然没有屈服。最后，单于把苏武流放到北海（今俄罗斯贝加尔湖）的冰天雪地中牧羊。这期间，单于曾派苏武的好友、降将李陵前去劝降，但苏武正气凛然，对自己的国家始终忠诚如一。直至19年后，汉朝和匈奴恢复关系，苏武才辗转返回汉朝。

当然，除了苏武，古往今来还有许多这样的人物和事例，文天祥杀身成仁、朱自清饿死不吃美国粮，都体现了孟子所说的"富贵不能淫，贫贱不能移，威武不能屈"的精神，他们都是真正的"大丈夫"。今天，孟子的这句话仍然对我们的道德修养有着重要的指导意义。

[闲话人生]……

石油大王哈默的故事　80多年前，美国加利福尼亚州的沃尔逊小镇来了一群饥饿的难民。镇长杰克逊先生让人给这些难民发放食品，许多难民一拿到食品就狼吞虎咽起来，只有一个年轻人例外。这个年轻人对镇长说："先生，您送给我这么多好吃的，有什么活让我干吗？"杰克逊先生笑了笑，说："我不需要你为我做什么呀！"但年轻人却坚持说道："不，先生，如果没有活做的话，我不会接受您的食物。"杰克逊实在想不出有什么活可以给这个年轻人干，于是情急之下蹲了下来，让年轻人给他捶一下背。

后来，杰克逊镇长把这位年轻人留了下来，并把女儿嫁给了他。20年后，这位年轻人成了世界石油大王，他的名字叫哈默。

[心灵捕手]……

自尊是生命的衣裳

自尊即尊重自己，是指不向别人卑躬屈节，也不容被别人歧视、侮辱。故事中的哈默便是一个有自尊的人，一个有志气的人，他在穷困潦倒之际，仍坚守着自己的尊严，从而赢得了别人的尊重，也因此改变了自己的命运。自尊是一种健康良好的心理状态，是我们每个人都应该坚持和提倡的。

一个民族应该有自尊，否则就无法得到其他民族的尊重。远的不说，在北京奥运会圣火境外传递过程中，曾出现了一些不和谐的音符：有些不法分子动手抢火炬，甚至殴打火炬手，伤害了中国人民的民族自尊心。郎平作为圣火传递火炬手，面对压力慷慨而言："我是'铁榔头'，谁来抢火炬我拿火炬抢他！"中国人民捍卫民族自尊的行为在世界范围内赢得了广泛的赞誉和尊重。

自尊是做人的底线。但有句话也说得好："自卑吞噬了才能，而自负却会把人才吓跑。"所以，我们在坚持自尊的同时，还要有不卑不亢的风骨，这是一种做人的气度，一种为人的品格。

欲为君，尽君道

[原文]……

欲为君，尽君道；欲为臣，尽臣道。选自《孟子·离娄上》

要做国君，就应该尽到国君之道；要做臣子，就应该尽到臣子之道。这句话论述的是君臣之道，说明了君臣要各司其职、各尽其守的道理。

[名师讲谈]……

君臣关系是古代社会中很重要的社会关系。在《论语·颜渊第十二》中，孔子便说过"君君，臣臣，父父，子子"的话，意思是君王要像个做君王的，臣子要像个做臣子的，父亲要像个做父亲的，儿子要像个做儿子的。这句话深得历代帝王之心，他们认为这道出了一个臣要尊君、子要尊父的天经地义的正理，并借以维护他们的阶级统治。在我们看来，孔子的意思却是说是什么身份就做好什么样的人，也就是一个各司其职、各尽其守的道理。孟子的这句"欲为君，尽君道；欲为臣，尽臣道"，其实讲述的也是这样一个道理。

在一个国家中，君王是一国之主，臣子是从各方面辅佐君王的人，君王和臣子各有其职、各尽其"道"，国家便兴盛有望。比如汉高祖刘邦，他曾公开承认：论机变谋略，他不如张良；论治理国家，他不如萧何；论带兵打仗，他不如韩信。刘邦虽然这些方面不如张良、萧何、韩信，但他善于"将将"，能够知人善用，把他们放在最适合的位置上,从而最大限度地发挥他们的才干,这就是刘邦的"尽君道";张良、萧何、韩信在各自的位置上尽展所长,帮助刘邦夺取天下,这就是他们的"尽臣道"。

看来,只有君"尽君道"、臣"尽臣道",各司其职,才能共同把国家治理好。相反,如果有一方未尽其职的话,结果肯定就不一样了。臣如果行"君道",那是以下犯上,是大逆不道,是要被诛九族的;君如果行"臣道"的话,又有越俎代庖之嫌,俗话说"浑身是铁能打几颗钉",假如君王事必躬亲,结果也可能是个死——累死。以三国时期的诸葛亮为例,当然,诸葛亮不是君王,但也可以说是当时蜀国的实际领导者。他一生谨慎,尤其到了晚年,事无巨细,每件事都要亲自过问。渐渐地,诸葛亮因事烦食少、早起晚睡而日渐消瘦,最终病死于五丈原,空留千古遗恨,令人感叹。

[闲话人生] ……

驴和哈巴狗　有人养了一头驴和一只哈巴狗。驴被关在围栏里,虽然不愁温饱,却每天都要到磨坊里拉磨,到树林里去驮木材,工作很繁重。而哈巴狗会演许多小把戏,很得主人的欢心,每次都能得到好吃的作为奖励。驴渐渐有了怨言,总抱怨命运对自己不公平。

这一天,机会终于来了。驴挣断缰绳,跑进主人的房间,学着哈巴狗的样子围着主人跳舞。它又蹬又踢,撞翻了桌子,摔碎了碗碟。

最后，它居然又趴到主人身上去舔他的脸。这下可把主人吓坏了，他直喊救命。

大家听到喊叫声急忙赶到，驴子正等着奖赏，没想到反挨了一顿痛打，被重新关进了围栏。

[心灵捕手] ……

把自己的事情做好

一头十足的蠢驴，活该挨打！它不好好做自己的事情，反去模仿哈巴狗，像它这般庞然大物，能不把主人吓到吗？

我们人类也是一样，每个人都有各自的特点，也都有各自的职责所在，在我们暂时不能做出选择的时候，要努力把自己负责的事情做好。否则就会像那头驴一样，自己的能力得不到发挥，却在模仿别人的过程中付出代价。

别人取得成功，必定因其能力及客观条件所致。适合别人的并不一定适合自己，所以，不要一味地崇拜别人、效仿别人，关键是要把自己职责范围内的事情做好。

夫人必自侮，然后人侮之

[原文]……

夫人必自侮，然后人侮之；家必自毁，而后人毁之；国必自伐，而后人伐之。 选自《孟子·离娄上》

一个人一定先是有自取其辱的行为，然后别人才侮辱他；一个家一定先是有自毁的行为，然后别人才毁掉它；一个国家一定先是有自己招来攻伐的原因，然后别人才攻伐它。孟子在这里讲述了一个自重者人恒重之的道理。

[名师讲谈]……

在这里，孟子认为一个人的荣辱，一个家、一个国的祸福与兴衰，都与其自身因素息息相关，外部因素虽然也有影响，但也仅是通过这个内因发生作用。孟子以人、家、国为例，逐层述说，目的就是要阐述一个道理——自重者人恒重之。

这个观点其实并非孟子的原创。儒家向来强调"内圣外王"，就是说一个人要注重自身的修养。当遇到任何问题时，首先要"反求诸己"，从自身找原因，检讨自己是否在某些方面存在不足。一个人只有自身端正，才会令别人心悦诚服，他所做的事情也才会取得成效。这与孟子自重者人恒重之的道理很相仿。

孟子在阐述自己观点的同时，举出孔子"清斯濯缨，浊斯濯足"的话为例，意思是说水清的话就用来洗帽子的丝带，水浊的话就用来洗脚。同样是水，为什么人们却用不同的态度来对待它呢？孟子认为，之所以水的境遇不同，都是由水自身或清或浊的原因造成的。水如此，人亦同。可见，自重是我们人生的一个重要准则。

我们再来看一段资料：清朝大臣文祥负责总理各国事务，了解当时朝廷的外交局势，他曾上书皇帝："夫人必自侮而后人侮之，物必先自腐而后虫生焉。"表明要抵御外侮，必先自强。但事实上，清廷已腐败日久，国力衰弱，没有能力做到"自强"，终招致西方列强的侵侮。如果清廷自重、自强，或许会是另一番结果。

有句话说得好："山自重，不失其威峻；海自重，不失其雄浑；人自重，不失其尊严。"一个人只有懂得自重，才会得到别人的尊重，亦即自重者人重之。

[闲话人生]……

施舍　一个人走过街头，被一个老态龙钟的乞丐拦住了。乞丐向这个人伸来一只通红的、浮肿的、肮脏的手，并喃喃地乞求帮助。这个人摸遍了全身的口袋，没有钱包，没有怀表，甚至连手绢也没有……乞丐在等待，他那只向前伸出的手微微地摇晃和颤抖着。

窘急惶恐之下，这个人紧紧地握住这只肮脏的颤抖的手："不要见怪，兄弟，我什么也没带。"乞丐用一双红肿的眼睛注视着这个人，从青紫的嘴唇流出一丝笑意，他也同样紧握了这个人的手。"没关系，兄弟，"他吃力地咕哝着，"这也多谢了，这也是施舍。"

这个人明白，他此刻也得到了乞丐的施舍。

[心灵捕手]……

学会尊重别人

人与人之间虽然有差别，但在生命的尊严与人格上是平等的。那位乞丐虽没得到金钱的施舍，却在精神上获得了真诚的同情与尊重，而施予者也同样得到了来自乞丐的尊重。

人人都有被别人尊重和认可的愿望。但是，让别人尊重自己的前提是你首先要学会尊重别人，只有对方觉得自己受到了尊重，他才会对你产生好感。相反，如果你总是一副盛气凌人、居高临下的姿态，你的交往对象会有一种自尊受到伤害的感觉，所以你也不会得到来自对方的尊重。尊重是相互的，这就如同大山中的回音，你"喂"它也"喂"，你说"你好"它也说"你好"。任何发自内心的尊重行为都将拉近与别人的距离，都将获得被尊重、被爱戴的美好感受。

自作孽，不可活

[原文]……

天作孽，犹可违；自作孽，不可活。　　选自《孟子·离娄上》

天降灾祸，还可以躲避。自己作孽，那可就逃不了了。这句话强调自己造成罪孽，无法逃避惩罚。

[名师讲谈]……

这句话引自《尚书·商书·太甲中》，原作"天作孽，犹可违；自作孽，不可逭"。不知是孟老夫子活学活用还是记得不够牢靠，"逭"字说成了"活"字，但不管是"不可逭"还是"不可活"，都有无可逃避之意，强调自己造成罪孽无法逃避惩罚。

孟子是在讲仁德的时候引用这句话的，论述了自我修养的重要作用，其与前面已经讲过的"夫人必自侮，然后人侮之；家必自毁，而后人毁之；国必自伐，而后人伐之"从意思的表达上是一个有机的整体。不过孟子在这句话里更强调的是自身行为与所引发的后果之间的关系，认为由客观原因造成的结果情有可原，但是，如果是因主观原因而造成的结果便不可饶恕。

的确，有时候一件事情会因不可抵抗的客观因素而失败，这时当事人应该可以得到原谅，因为一来可能事情的结果无法预料，再则即便预料得到，可能也是人力所无法扭转的。但是，如果当事人明知其不可为而为之，甚或是肆意妄为的话，那事情最终造成的不良后果理应由他自己承担,即使再严厉的惩罚也是他罪有应得。

佛家有云,相由心生,种什么因得什么果,这同孟子此处所说的"自作孽,不可活"道理相似,也即你平时付出了什么样的努力,将来就会得到什么样的结果。

[闲话人生]……

水酒　一个村庄里准备举行一场隆重的庆典,村长要求每户人家都捐出一瓶酒,并且都倒进一个大酒桶里。

村民都很配合,他们各自拎着一瓶酒,郑重其事地倒进酒桶里,很快就集满了一大桶酒。

庆典如期举行。当庆典到达最高潮时,村长拔掉了大酒桶的木塞,然后将桶里的酒倒入每个人的杯中。可是,当大伙举起酒杯一饮而尽时,却发现喝下去的都是清水。

原来,人人都以为在那么多的酒中,自己的一瓶清水一定不会被察觉。

[心灵捕手] ……

种豆得豆，种瓜得瓜

"种豆得豆，种瓜得瓜"，这是我国流传的一句谚语，是人们从农业活动中获取的经验和知识，它用直白的语言告诉我们：种下什么样的种子，就会收获什么样的果实。这个看似再简单不过的生物学常识中，蕴含着多少为人处事的哲理，而最根本的即是：一个人，在平时付出什么样的努力，将来就会得到什么样的结果。

其实，这个道理谁都懂得，但却没有多少人能够真正意识到。如同故事中的村民一样，他们长年从事田间劳作，难道就不懂得这么简单的道理吗？我相信他们懂，而且比一般人更懂，但他们仍然将一瓶瓶水"种"进了酒桶里。在看似直白的利益面前，他们选择了错误的"种子"，他们自认为一粒"假种子"影响不到整体的"收成"，可是结果却告诉我们，侥幸是绝不可取的方式，只有谨慎对待种下的每一颗种子，我们才会收到最完美的结果。

联系到我们自身，难道你希望原本该如酒般醇香的生活，变得如清水般平淡吗？因此，我们应该且必须对自己的每一个行为负责。无论做任何事情，只要我们真诚地付出了努力，终将得到良好的回报；反之，如果我们不肯付出，甚或是有意搞破坏，那就是"自作孽"，其结果自然是种什么因得什么果了。

爱人者，人恒爱之

[原文]……

爱人者，人恒爱之；敬人者，人恒敬之。_{选自《孟子·离娄下》}

爱别人的人，别人常常爱他；尊敬别人的人，别人常常尊敬他。这两句话讲的是做人的道理，表达了孟子要爱人与敬人的主张。

[名师讲谈]……

关于爱人与敬人，诸子百家都对此不吝笔墨。仅儒家的三位大儒孔子、孟子和荀子便反复论说。

孔子曾说过"仁者爱人"，并且他经常谈及的"仁"也常常指"爱人"，而他所说的"爱人"往往又与"孝悌"等血缘情感联系在一起，然后从"孝悌"逐渐推广至君臣之间的"忠"、朋友之间的"信"，最后升华为普遍的人类之爱，即所谓"泛爱众"。孟子也曾说过"亲亲，仁也"，以及本节的"爱人者，人恒爱之；敬人者，人恒敬之"，主张人们要互敬互爱。荀子继承了孔子的"仁者爱人"，发展了孟子"亲亲，仁也"的主张，同时又接受墨子的"兼爱"思想，认为"爱人"是仁者之事，应施予不同的人以不同的爱和不同的敬。我们这里所提及的墨子是战国时期墨家学派的创始人，他以"兼相爱，交相利"作为其学说的基础，主张"天下兼相爱"，其中兼爱即指爱人如己。

可以说，爱人与敬人的道理并不深奥，但却有如此之多的大家对此反复论说，可见其对一个人的修养有多重要。传说舜因为平时爱别人、敬别人，所以也得到了来自别人的爱和敬。当舜到历山耕种时，历山的人都能为他让出自己的田界；当舜到雷泽捕鱼时，雷泽的人都能为他让出自己的住所。尧很欣赏舜的美德，所以自己年老后便将帝位禅让给了舜。

爱人与敬人的道理谁都容易理解，但关键是要付诸行动。如果人人都行动起来，那许多人际关系就很容易理顺，许多事情也将变得很容易处理，我们这个世界也将变得更加和谐。就如同一首歌中所唱的那样：只要人人都献出一点爱，世界将变成美好的人间。

[闲话人生]……

对着大山喊话的孩子　有一个孩子跑到山上，无意间对着山谷喊了一声："喂……"声音刚落，只听从四面八方传来了阵阵"喂……"的回声。大山答应了，孩子很惊讶。

于是，他又喊了一声："你是谁？"大山也在问："你是谁？"

孩子喊："为什么不告诉我？"大山也说："为什么不告诉我？"

孩子忍不住生气了，喊道："我恨你！"他这一喊可不得了，整个世界传来的声音都是:"我恨你!我恨你……"

孩子哭着跑回家,把这件事告诉了妈妈,妈妈对孩子说:"孩子,你回去对大山喊'我爱你',试试看结果会怎样。好吗?"

孩子又跑到山上,果然这次孩子被包围在"我爱你,我爱你"的回声中。孩子笑了,群山也笑了。

孩子不解地摇摇头。

[心灵捕手]……

送人玫瑰,手有余香

故事里的孩子之所以不解,之所以会迷惑,是因为他不明白,大山就好比一面镜子,这面镜子映照出的正是他对别人以及相应地别人对他的态度和行为。

有时候,我们总是在抱怨别人对自己太冷漠,却总是忘却自己做了什么。其实人生最大的敌人是自己,人们总是很难突破自己的狭隘,总想着先得到再施予。殊不知,你就是对方的一面镜子,你如何对待别人,别人也会如何来对待你。所以,你如果想让别人对自己不再冷漠,想让别人爱你,想让别人尊敬你,你就得先去爱别人,先去尊敬别人。

爱,是可以传染的;敬,也是可以传染的。我们给予了别人爱与敬,自己也会得到同样的收获,收获来自对方的爱和敬,收获信任,收获友情,就好比我们将手中的玫瑰送给需要的人,我们送出了馨香和愉悦,而自己手上却也留下了经久不去的余香。

人皆可以为尧舜

[原文]……

人皆可以为尧舜。 选自《孟子·告子下》

人人都可以成为尧、舜那样的圣人。这句话是要说明人都具有与生俱来的善性,发挥主观能动性,凡人与圣人并没有想象中那么对立。

[名师讲谈]……

尧、舜都是传说中的上古圣王。尧生活非常俭朴,能团结部落里的族人,并且奖善罚恶,使得天下安宁,政治清明,世风祥和。舜以孝行闻名,他生活在"父顽、母嚚、象傲"的家庭环境里,但仍能处理好家庭关系,表现出非凡的品德。尧、舜一直被人们当做古代道德完善的圣人。

面对如此德高的圣贤,孟子并没有"高山仰止"。当一个叫曹交的人问孟子:"人皆可以为尧舜,有诸?"孟子给了他一个很肯定的回答:"然。"意思是"没有错"或"是那样的"。在这里,孟子将"圣人"这一概念平民化,认为"人皆可以为尧舜",这其实是孟子性善论思想学说的一个发挥。孟子认为人人具有与生俱来的善性,在这点上,尧、舜与普通人是一样的,只不过有些人被物欲所扰而不能保有这种善性。但是,只要肯付出努力,不断地完善自己,就能够成为像尧、舜那样的圣人。

对此,孟子曾多次强调自己的观点:"舜,人也;我,亦人也。"、"尧舜与人同耳。"(《孟子·离娄下》)到了宋明时期，那些理学家更是直呼"满街都是圣人"。即便到了现代，甚至连毛主席也很认同孟子的这一观点，并在自己的《送瘟神》一诗中写道："春风杨柳万千条，六亿神州尽舜尧。红雨随心翻着浪，青山着意化为桥。"

由此可见，圣人并不是独一无二的，他们的影响也是平常人经过不断努力才达到的高度。只要我们从自己力所能及的事情做起，努力拼搏，就能够跨越平常人与圣人之间的那一步之遥，如此，你便也能成为"尧、舜"。

[闲话人生]……

口吃也能成演说家 古希腊有一个孩子，名叫德摩斯梯尼，他从小的梦想就是成为一名演说家。对其他人来说，这个梦想并非遥不可及。可是，对德摩斯梯尼来讲，这却是一座难以企及的山峰，因为他天生口吃。

为此，家里人不止一次地劝说他放弃这个念头，但德摩斯梯尼从来不为所动。为了治疗口吃，德摩斯梯尼常常在嘴里含上一颗小石子，因为他听人说，这样可以改掉自己的毛病。为了锻炼自己的发音，他常常一边登山一边吟诗；为了提高自己的修养，他把自己的头剃成阴阳头，为的是有更多的时间安心学习。经过十多年的磨练，德摩斯梯尼终于如愿以偿地成为一位出色的演说家，他的著名演说为他建立了不朽的声誉，他的演说词结集出版，成为古代雄辩术的典范，打动了千千万万的人。

[心灵捕手]……

态度决定一切

很多时候，面对现实的窘境，面对眼前的困难，一些人往往会甩手说："我不能。"可是，不知道他有没有尽自己最大努力，有没有尝试所有的方法，如果没有的话，那他便不是"不能"，而是"不为"。不能，是没有做某事的能力和条件；不为，是不管有能力与否都不去做。是"不为"还是"不能"，这是一个态度问题，而态度决定一切。

德摩斯梯尼虽然天生口吃，但面对要成为演说家的梦想，他没有对自己说"不能"。他把握好自己的方向，以自己最大的能力达到了最出色的境界。有时候，虽然我们的能力有限，但努力却是可以无限付出的。"勤能补拙"，在既定目标的指引下，只要我们肯"为"，定能让自己的能力得到提升，这样，"不能"将变为"可能"，进而变为"能"。相反，如果我们"能"而"不为"，那不仅事情得不到解决，而我们自身本来具备的能力也会渐渐退化，由此，"能"将变为真正的"不能"。

"不能"与"不为"，二者的转化存乎我们一念之间，就如同平常人和圣人之间相距的一步之遥。

人不可以无耻

[原文]……

孟子曰:"人不可以无耻,无耻之耻,无耻矣。" 选自《孟子·尽心上》

孟子说:"人不可以没有羞耻之心,不知羞耻的那种羞耻,是真正的羞耻。"这句话讲的是儒家的知耻和知荣辱观。

[名师讲谈]……

儒家向来强调人一定要知耻、知荣辱,认为这是做人的一个基本条件和基本素质。孟子继承了这一思想,在此提出了"人不可以无耻"的观点,激励人们要知耻而后勇,这同儒家经典《中庸》中提到的"知耻近乎勇"道理相似,都是告诉人们在遭遇困境和打击后,不要气馁,不要退缩,而是要奋发进取,迎难而上。

历史上知耻而后勇的人物和事例不在少数,其中一些已经成为千百年来的励志经典,越王勾践卧薪尝胆的故事就是著名的一例。

春秋时期,吴王夫差率兵击败越国,越王勾践被押送到吴国做了奴隶。勾践忍辱负重伺候了吴王3年,夫差渐渐对他消除戒心并让他返回越国。回国后,勾践始终牢记亡国之耻、屈身之辱,并将所蒙受的耻辱当做激励自己前进的动力。此后,他表面上服从吴王,暗中却训练精兵,等待时机反击吴国。勾践担心自己会贪图安逸而消磨了报仇雪耻的意志，所以他将自己置身于艰苦的生活环境中，晚上睡觉只铺些柴草，还在屋内挂上一枚苦胆，每次吃饭前都要舔尝一下，以警示自己不要忘记过去的耻辱。勾践励精图治，终于使越国一步步地强大起来，最后一举攻灭了吴国。

越王勾践卧薪尝胆的故事是对孟子这句话的极好诠释。我们虽然不是什么著名的人物（也许以后会是），也演绎不来这么著名的故事，但其中的道理对于我们做任何事情都适用。知耻而后勇，只有知耻，才会知道自己的不足，也才会在以后的道路上激励自己。那时候，"耻"将成为一种动力。

[闲话人生] ……

耻辱戒的故事　在加拿大科技界，在一些著名专家学者的左手无名指上，都戴有一枚式样相同的钢戒指。原来，凡是戴这种戒指的人都是著名的加拿大工学院毕业生。但是这枚戒指并不是炫耀这些专家学者的地位与荣誉，恰恰相反，这是一枚耻辱戒。

原来，在加拿大工学院的校史上，曾出现过一次几乎使学校名誉扫地的事情。

一次，国家将一座大型桥梁的设计工作交给了该校毕业的工程师，由于设计上出现失误，桥梁在交付使用后不久就倒塌了。学校为了记住这个惨痛的教训，就买下了建造这座桥梁的钢材，把它们加工成一枚枚钢制戒指。从此以后，学校在发给每一届学生毕业文凭的时候，还同时发给他们一枚这种钢制的"耻辱"戒，用以提醒该校的每一位毕业生要牢记这一沉痛的教训。

[心灵捕手] ……

知耻而后勇

通过故事我们看到，加拿大工学院的这一做法，不仅没给学院带来耻辱，反而促使该校历届毕业生在事业上兢兢业业，一丝不苟，为学校增添了一道道灿烂的光环。

"前事不忘，后事之师。"有时候跌倒并不全是坏事，能够从中感觉到耻辱，说明我们至少还有知觉，并没有从失败中让自己变得麻木。耻辱能够对人产生一种无形的刺激作用，让我们从中吸取教训，让这种耻辱成为激励我们前进的动力。如此，便是"知耻而后勇"，就能让我们在耻辱中猛醒，从而激发无限的潜能，最终走出低谷。

当然，有的人也可能无法面对耻辱，会因为害怕别人的嘲笑而妄自菲薄，意志消沉。不过，这样的人至少还有羞耻之心，还孕育着振作的希望。怕就怕知耻而不耻，那就无可救药了。古人勾践牢记亡国之耻、屈身之辱，卧薪尝胆，励精图治，这是何等的大智慧、大勇气！而这种大智大勇，你我皆有机会尝试。

仰不愧于天，俯不怍于人

[原文]……

仰不愧于天，俯不怍于人。　　选自《孟子·尽心上》

抬头无愧于天，低头无愧于人。这句话是说做人要光明磊落，表达了一种坦坦荡荡的胸怀。

[名师讲谈]……

孟子曾经说过这样一段话："君子有三乐，而王天下不与存焉。父母俱存，兄弟无故，一乐也；仰不愧于天，俯不怍于人，二乐也；得天下英才而教育之，三乐也。"孟子的这"君子三乐"就是这么简单而实在，它们建立在亲情、良心和事业的基础之上，与金钱和地位毫无关系，甚至比"王天下"还要快乐。朱熹《集注》曾引林氏的话说："此三乐者，一系于天，一系于人，其可以自致者，惟不愧不怍而已。"意思是说，一乐取决于天意，三乐取决于他人，只有第二种快乐才完全取决于自身。看来，孟子在述说君子之乐的同时，还在启迪我们要追寻一种内在的力量，即做人要光明磊落，问心无愧。

"仰不愧于天，俯不怍于人"，看似简单，做起来却有些难度，因为这是一种大胸襟、大气魄，其中透露着清白正直的人格魅力。虽说如此，但古人之中做到这一点的也并不鲜见。

在《左传·襄公二十五年》中，记载着一则关于齐太史的故事。齐国大臣崔杼杀了自己的国君齐庄公，齐太史秉笔直书："崔杼弑其君。"崔杼盛怒之下杀了齐太史。齐太史的弟弟写史书时，仍然如实记载,崔杼又把他杀了。后来,齐太史的另外一个弟弟在写史书时仍然写道:"崔杼弑其君。"崔杼无奈,只好作罢。这则故事中,三位史官不畏强权,为了维护记史的直书实录传统,将生死置之度外,不求苟活,但求心中无愧,这是何等坦荡的胸怀。

孟子的这句话后来衍生出"俯仰无愧"这个成语,意思是为人正直、高尚,无论对上对下都问心无愧。人生之路崎岖漫长,每个人都要扮演不同的角色,去完成自己的目标,但扮演得如何,完成得怎样,我们无法对自己下评断,然而"褒贬自有春秋",我们能做到的只有"仰不愧于天,俯不怍于人"。

[闲话人生]……

建筑师 一位夫人打电话给建筑师,说每当火车经过时,她的睡床就会摇动。

"这简直是无稽之谈!"建筑师回答说,"我去看看。"

建筑师到达这位夫人家后,夫人建议他躺在床上,体会一下火车经过时的感觉。

建筑师刚上床躺下，夫人的丈夫就回来了。他见此情景，厉声喝问："你躺在我妻子的床上干什么？"

建筑师战战兢兢地回答："我说是在等火车，你会相信吗？"

[心灵捕手]……

心无愧乃安

故事中的建筑师大可不必战战兢兢，他完全可以继续堂而皇之地在床上躺着，然后理直气壮地回答："我在等火车。"虽然场景有些尴尬，但他没有做错什么，他可以问心无愧。

我们做人做事也是一样，有时候，我们努力地完善自己，尽力地做好事情，但结果可能会不尽如人意，仍然达不到自己或别人所期许的高度。对此，我们没必要自责，也没必要心中有愧，因为我们尽心努力过了，只是可能由于能力或其他条件所限，我们目前只能到达这个高度。所以，不必抱怨，不必在意别人的眼光，因为我们尽力了，我们问心无愧。

有时候，我们正在做着一件正确的事情，但可能由于别人的不理解而使自己无端受责。此时，你可以辩解，因为你没有错；你也可以付诸一笑，因为这本无须赘述，你问心无愧。

"走自己的路，让别人去说吧。"话很简单，道理也很简单，要做到也很简单，只要做到一点——"仰不愧于天，俯不怍于人"。

往者不追，来者不拒

[原文]……

往者不追，来者不拒。 选自《孟子·尽心下》

离开的不加以追究，来到的也不拒绝。这句话说的是孟子对学生求学的一种开放态度，同时体现了一种广阔的胸襟。

[名师讲谈]……

这句话讲的是孟子对学生的态度，体现了孟子的一种开放的教育思想。它包含了两个方面的内容：一方面，往者不追，主张学术自由。孟子在教学上不是个死板的人，他没有说只要一踏进我孟轲的学堂，就生是我孟轲的人，死是我孟轲的鬼。只要有学生觉得孟老师教得不好，可以随时走人，孟老师不会追究，也不会骂他背叛师门。另一方面，来者不拒，广纳学生。无论是谁，只要他有心向学，孟老师都不会拒绝。在这一点上，孟子的教学思想与孔子的"有教无类"又有些相似了。也正因如此，才使教育的社会基础和人才来源得以扩大，从而对于人们素质的提高起到了积极作用。

孟子之所以对学生能有如此开放的态度，除了这是他"得天下英才而教之"的一大乐之外，关键还因为他有一种"海纳百川，有容乃大"的胸怀，同时也不患得患失的心态。据说，滕国国君的弟弟滕更和曹国国君的弟弟曹交，都曾经拜访过孟子，向孟子求教，并打算拜孟子为师。因为他们是国君的弟弟，均出身贵族，所以总是表现出一种骄傲与自负，个个趾高气扬，不可一世。孟子对他们提出的问题均耐心解答，可就是不肯将他们收归门下。有人问孟子为什么不收这些人为徒，孟子回答说，凡依仗权势来拜师的人、依仗贤能来拜师的人、依仗年长来拜师的人、依仗有功勋来拜师的人、依仗老交情来拜师的人，均拒之门外，一概不收。看来，孟子收徒也并非"来者不拒"，你出身高贵又如何，你功勋卓著又怎样，就算你的介绍人与我老孟交情深厚，我该不收还是不收。孟子这番看似自相矛盾之举，其实也正是他这种广阔胸襟的极好表现。

孟子这种开放的教育思想、这种不患得患失的良好心态，对我们做人具有同样的启迪作用。它告诉我们不要在得与失之间犹豫徘徊，要果断地抛开过去，勇往直前。

[**闲话人生**] ……

神迹　在法国一个偏僻的小镇，据传有一眼特别灵验的水泉，常会出现神迹，可以医治各种疾病。

有一天，小镇上来了一个少了一条腿的退伍军人，他拄着拐杖一跛一跛地走在去水泉的马路上。旁边的镇民带着同情的回吻说："可怜的家伙，难道他要向上帝祈求再有一条腿吗？"

这句话被退伍军人听到了，他转过身对他们说："我不是要向上帝祈求有一条新的腿，而是要祈求他帮助我，教我没有一条腿后也知道如何过日子。"

[心灵捕手]……

不要为打翻的牛奶哭泣

故事中的退伍军人没有为失去双腿而一直忧伤,而是接纳既成事实,力争活出自己的新生命。往者不追,面对无法改变的既成事实,接受是最大的智慧。

得失是人生常态,其中的失或大或小,或对我们来说微不足道,或对我们重要无比,它们有的也许可以再"追"回来,有的可能就此永远逝去。不管如何,这些得与失已经成为过去,就如同打翻的牛奶一般。既然事情已经无法挽回,我们又何必对它耿耿于怀?故事中的军人即使失去了一条腿,也要知道自己如何生活。作为健全人的我们,如果面临这种挫折,又当如何呢?

人生之路不会是一片坦途,人生在失去的同时,也在获得,在享受收获乐趣的同时,也需要有接受失去的勇气和智慧。只要我们有来者不"惧"的超凡勇气、有积极达观的人生态度、有满怀希望的生活热情,便会活出崭新的生活和精彩的人生。

处世智慧

孟子不仅教给了我们做人的道理，还授予我们处世的智慧，在做事和处理人际关系时给我们以有益的指导。

孟子说"老吾老，以及人之老；幼吾幼，以及人之幼"，告诉了人们推己及人的道理。孟子说"不挟长，不挟贵，不挟兄弟而友。友也者，友其德也，不可以有挟也"，告诉人们交友贵在交心，高尚的品德才是友谊的基础。孟子说"虽有天下易生之物也，一日暴之，十日寒之，未有能生者也"，告诉人们做事要认真，要持之以恒。孟子说"生于忧患而死于安乐也"，告诉人们要增强忧患意识……

孟子之言可谓微言大义，本章精心撷取这些垂范后世的经典名言，并附以深入浅出的解读，相信会成为你受用一生的精神财富。

君子远庖厨

[原文]……

君子之于禽兽也，见其生，不忍见其死；闻其声，不忍食其肉。是以君子远庖厨也。 选自《孟子·梁惠王上》

君子对于禽兽，见过它活着，就不忍心看它死去；听过它的声音，就不忍心吃它的肉。所以君子离厨房远远的。这句话意在表达世人都有恻隐之心。

[名师讲谈]……

孟子这番话是要表达世人都有恻隐之心的意思，并以此为发端，呼唤人们的"仁心"，而"君子远庖厨"也由此成为了千古名句。说起来，这句名句可以说"名"在了两点。

其一，后世人认为"远庖厨"是一种仁慈的品德，要加以提倡。孟子的本意说的是一种不忍杀生的心理，而不忍杀生可以说是一种仁爱之心和悲悯情怀的表现，所以当然算是一种仁慈的品德，因此这与孟子的本意还是相符的。当然，孟老夫子并不是告诫人们以后不许杀生，那样的话岂不是所有自称"君子"的人都得一生吃素了。所谓"酒肉穿肠过，佛祖心中留"，孟子是借此警示人们要有一颗恻隐之心，能够善待他人。

其二，后世人认为"远庖厨"是一个极好的借口，故极力推崇。

这里的"后世人"主要是指一些所谓的"君子"而言,"借口"当然是指偷懒不下厨房做饭的借口。这一点国学大师南怀瑾先生已经幽默地指出:"近代的年轻人,当太太要他到厨房里帮个小忙的时候,他就拿这句话来做挡箭牌。太太请原谅!孟老夫子说的,'君子远庖厨',我要做君子,你的先生不能是小人哪!于是坐在客厅沙发上看电视,等太太把热腾腾的菜饭端来。"(《孟子旁通》)

笑谈过后,言归正传。关于恻隐之心,孟子还曾说过一句话,即所谓"恻隐之心,人皆有之"(《孟子·告子上》),可见孟子对其重视的程度。我们也要怀有恻隐之心,因为这样我们才会拥有一颗纯洁的心灵和一种高尚的动机,而我们的恻隐之心也会让我们得到应有的回报。当然,恻隐之心也不能随便施予,还要考虑施予的对象、当时的情况、可能的后果,否则,就会像《伊索寓言》中那位救蛇的农夫一样,救蛇之后却被蛇反咬一口。

[**闲话人生**]……

救人 在一场激烈的战斗中,上尉忽然发现一架敌机向阵地俯冲下来。照常理,士兵发现敌机俯冲时要毫不犹豫地卧倒。可上尉并没有立刻卧倒，他发现离他四五米远处有一个小战士还站在那儿，他顾不上多想，一个鱼跃飞身将小战士紧紧地压在了身下。此时一声巨响，飞溅起来的泥土纷纷落在他们的身上。上尉拍拍身上的尘土，回头一看，顿时惊呆了：刚才自己所处的那个位置被炸成了一个大坑。

[心灵捕手]……

善待他人就是善待自己

故事中上尉的恻隐之心让他毫不犹豫地做出了舍己救人的举动。而事实上，他的这一决定不仅没有"舍己"，反而成了"救己"。由此可见，善待他人同时也是善待自己。

生活中，一个人不可能总遇到舍己救人这样的壮举，所以，善待他人还是要从一些平常事做起。比如，当一个人遭遇困境的时候，我们一句鼓励的话或者适时地施以援手，这便是善待他人；当一个人成功地完成一件事情时，我们送上一句由衷的赞美，这也是善待他人；当面对一个伤害过我们的人，我们宽恕他、原谅他，这同样是善待他人……相信，当你做到这些的时候，你同时也会收获一份成功的喜悦、一个会心的微笑、一份真诚的友谊……

人与人之间的互动与合作变得愈加重要，我们只有善待他人，帮助他人，才能处理好人际关系，从而更畅快地协作，也能彼此获得更大的发展。有句话说得好："幸福并不取决于财富、权利和容貌，而是取决于和你相处的周围的人。"

老吾老，以及人之老

[原文]……

老吾老，以及人之老；幼吾幼，以及人之幼。

选自《孟子·梁惠王上》

尊敬自己的长辈，从而推广到尊敬别人的长辈；爱护自己的小孩，从而推广到爱护别人的小孩。这两句孟子旨在讲述推己及人这一非常基本的道德原则。

[名师讲谈]……

推己及人是处理人和人的关系以及待人处世最基本的原则。孔子曾说过："己所不欲，勿施于人。"意思是自己不愿意的，不要强加于别人。这句话与孟子的"老吾老，以及人之老；幼吾幼，以及人之幼"有异曲同工之妙，只不过是从反方面进行述说的。但不管是以哪种方式表达，我们都可以从中看出推己及人作为一种道德准则的重要性。

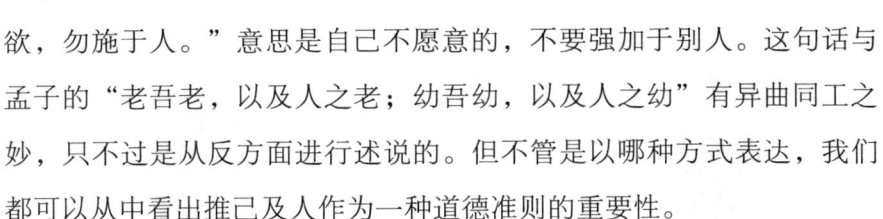

南宋诗人杨万里的妻子在古稀之年，天寒时经常早起给仆人们熬粥喝。儿子不解地问母亲何苦为了仆人而如此操劳，杨夫人说："他们虽是仆人，却也是各自父母所牵挂的子女。天气寒冷，他们喝些热粥，干起活来才不会伤身体。"这个故事虽小，却体现了杨夫人设身处地地为他人着想，也就是推己及人的美德。

推己及人，道理简单，意义重大，但做起来却又很不容易。生活中，在我们周围就经常见到一些与推己及人相悖的情形。

一位孕妇乘公交车回家,她上车后发现车上已"座无虚席",便站在了车门处。旁边两位坐着的年轻人看着孕妇却丝毫没有让座的意思。不久,孕妇终于忍受不了颠簸,突然晕倒在车厢里。这时,售票员和乘客才开始搀扶的搀扶,让座的让座。"主动给老弱病残孕让座",这句提示语在这里成了一句空话。

生活中,每个人都应该从自身做起,多去体会一下别人的感受,而不能只想到自己。只有做到这一点,才可能平等地待人,对人表示一种尊重、一种关心、一种帮助。

每个人都有自己的幼年时期,也终会有衰老的一天,想到孟子这句"老吾老,以及人之老;幼吾幼,以及人之幼",我们在处理问题的时侯,便会重新审视一下自己的立场和处理方式,懂得进行换位思考。而这种观念理应是每个人都可以而且也必须作为立身处世的根本,而不应仅仅是某个人的道德准则。

[闲话人生]……

拒绝的代价　　一位士兵越战归来,他在旧金山打电话给父母:"我回来了,可是我想带一个朋友一起回家。"

"亲爱的儿子,可以啊!"父母回答。

"可是我的朋友在战斗中受了重伤，少了一条胳臂和一条腿，我想让他和我们一起生活。"儿子继续说道。

"很遗憾，像他这样的残障人会对我们的生活造成很大的负担。你还是忘了他吧，他会找到自己的一片天空的。"

儿子的电话突然挂断了。几天后，这对父母接到旧金山警局的电话，说他们的儿子坠楼身亡。他们伤心欲绝地飞往旧金山，在看到儿子遗体的一刹那，他们惊呆了：儿子居然只有一条胳臂和一条腿！

[心灵捕手]……

要有一颗博爱之心

要培养良好的人际交往能力，重要的前提就是我们要有一颗博爱的心。当我们和他人的交往遭遇寒冬时，我们不妨站在对方的立场上重新审视一下，以自己的处境去想象别人的处境，以自己的感受去体会别人的感受。

但是，大多数人往往很难做到这一点，反而在另一个极端上越走越远。就像故事中的那对父母一样，他们在拒绝接受"儿子的朋友"的同时，也把自己的儿子拒之门外，因此造成无可挽回的惨剧。这样的事例也许有些极端，但多少能引发我们的深思。我们作为社会人存在，不能只关注自身的存在，还得关注他人的存在，对他人施与关爱。如此，你便会渐渐发现，你与别人相处得会愈加和谐，而你的人生也愈加轻松。

缘木而求鱼

[原文]……

以若所为求若所欲，犹缘木而求鱼也。 选自《孟子·梁惠王上》

按照您现在的做法，要想实现您的愿望，就好像爬到树上去捕鱼一样。这句话是说做一件事情时如果方法不对头，就会徒劳无功。

[名师讲谈]……

这句话是孟子在拜访齐宣王时所说。当时，齐宣王主张以"霸道"来称雄天下，这与孟子所提倡的"王道"是背道而驰的，所以孟子先是以"君子远庖厨"之例，想委婉地唤醒齐宣王的"不忍"之心；继而，孟子又直白地指出，像齐宣王现在这样想依靠军事力量统一天下的做法，无异于缘木求鱼，是没有效果的，只有靠仁政统一天下，才能使人心归服。孟子的这句话告诉我们一个道理，做一件事情时如果方法不对头，就会徒劳无功。

《吕氏春秋》中记载了一个非常经典的寓言故事。战国时候，一个楚国人坐船过江。船到江心时，他一不小心把心爱的宝剑掉到了水里。船夫想马上帮他捞剑，可这个楚国人却不慌不忙地掏出一把小刀，在船上刻了一个记号，并对船夫说："不用着急，我在宝剑落水的地方已经做好了记号，等船靠岸后再说吧！"船靠岸以后，那个楚国人便从船上刻有记号的地方跳下水，去打捞自己掉落的宝剑。可是他在水底捞了半天也没有捞到，他自言自语道："我的宝剑就是从这里掉下去的啊？我还在这里做了记号，怎么就找不到了呢？"船夫笑他道："船一直在走，可你的宝剑沉到水底就不会再动了，你在这里怎么可能找到你的宝剑呢？"

当然，这个"刻舟求剑"的故事我们已经熟悉得不能再熟悉了，《战国策》中还有一个"南辕北辙"的故事，相信大家也同样耳熟能详，二者同孟子此处所说的"缘木求鱼"一样，都告诉了我们一个同样的道理。这么多大家巨作都为我们强调了做事的方式方法问题，看来我们是有必要注意一下，否则如果陷入韩愈所说的"借听于聋，求道于盲"，那可就惨了。

[闲话人生]……

缩头的小乌龟　一个小男孩收到了爷爷送给他的一份生日礼物，那是一只可爱的小乌龟。小男孩在兴奋之余，很想和小乌龟一起玩耍。但小乌龟刚到陌生的环境，一下子就把头和脚缩进了壳里。小男孩用棍子捅它，想让它的头和脚伸出来，却一直没有效果。

爷爷看到他的举动，就说："不要用这种方法，我教你一个更好的办法。"爷爷让小男孩把小乌龟放在暖和的壁炉旁。几分钟后，小乌龟觉得热了，便伸出了它的头和脚，主动向小男孩爬去。

[心灵捕手]……

做事要讲究方法

故事中的小男孩用棍子去捅缩进壳里的小乌龟，而小乌龟初到陌生环境，本来就害怕，如此一来，它势必更加不敢出来。反观爷爷，他用一种比较温和的方式很轻松地就让小乌龟自动钻了出来。无论处理小乌龟的事情，还是做其他事情也都是一样的，都要讲究方式方法。

做事讲究方法，这个简单的道理大多数人都明白。但是，在实际操作过程中，一些人可能急于求成、可能头脑发热、可能面临多种解决方法无所适从，所以很可能会采取一种盲目的方法，甚至武断地搞一刀切。其结果可能有三种：一是偶然蒙对了最佳方法，事情圆满解决；二是采用了笨方法，在耗费了大量人力、物力、财力后，事情也终于解决；三是采用的方法根本就是南辕北辙、缘木求鱼，结果也可想而知。

所以，做事情就像看病，一定要找对方法，对症下药，切不可盲目行动。

任何一件事情，解决的方法可能不仅仅只有一种，但必有一种是最合适、最有效的。每当这个时候，我们都要从各个方面、多个角度将事情考虑清楚，琢磨透彻，力求找到一种最恰当的方法去解决它。这样一来，我们在实践过程中就会少走许多弯路，从而达到事半功倍的效果。

天时不如地利，地利不如人和

[原文]……

天时不如地利，地利不如人和。 选自《孟子·公孙丑下》

有利的时机和气候不如有利的地势，有利的地势不如人的齐心协力。这句话论述的是民心向背的问题。

[名师讲谈]……

关于天时、地利、人和三者的关系，历来为人们所关注，也众说纷纭，见仁见智。孟子在这里给了大家一个鲜明的指向："天时不如地利，地利不如人和。"这之中的"天时"指有利的时机、气候，"地利"指有利的地势，"人和"指人心向背、内部团结等。孟子主要从军事方面分析了三者之间的关系，明确指出战争的关键不在于"天时"、"地利"，而取决于"人和"。如此头头是道的分析，让我们不禁感叹先贤孟子原来也是一位兵法大师。

但是，仔细品味之后，我们发现孟子顺着话题又承转到了"得道者多助，失道者寡助"的结论上。由此一来，一个军事问题便过渡到了政治层面，这个政治就是孟子所一贯主张的"仁政"。孟子希望统治者能采纳"人和"的主张，施行"仁政"，以争取人民的支持，从而达到政治的稳定和统一。由此可见，孟子所论实际上指的是民心向背的问题。

关于民心向背，孟子有自己的看法，他认为"域民不以封疆之界，固国不以山豀之险，威天下不以兵革之利"，只要做到了"人和"，就会"得道者多助"，就会"天下顺之"，就会"战必胜矣"。历史的经验不仅证明了这一点，也证明了与之相反的一面。就拿中国的历朝历代来说，哪一个不是所谓的"受命于天"，占据天时；哪一个不是"普天之下，莫非王土"，拥有地利。但为何仍然是一朝取代另一朝，频繁更迭呢？究其因，是那些统治者们在坐拥"天时"、"地利"之时，忽略了一个决定性的因素——"人和"。"水能载舟，亦能覆舟"，任何一个统治者，任何一个朝代，如果不能安抚百姓，不能让百姓安居乐业，亦即不能做到"人和"，其灭亡之日也便不久矣。军事如此，政治如此，我们为人处世同样如此。所谓"人心齐，泰山移"，就是这个道理。

[闲话人生]……

一根鱼竿和一篓鱼　　从前，有两个十分饥饿的人得到了一位长者的恩赐：一根鱼竿和一篓鲜活硕大的鱼。其中，一个人要了一篓鱼，另一个人要了一根鱼竿，他们就此分道扬镳。得到鱼的人马上将鱼煮熟，狼吞虎咽地很快就吃完了。不久，他便饿死在空空的鱼篓旁。另一个人则提着鱼竿继续一步步艰难地向海边走去，可是，当他终于到达距离大海不远处时，却已经用尽了最后一点力气，他也只能带着无尽的遗憾死去。

又有两个饥饿的人，他们同样得到了长者恩赐的一根鱼竿和一篓鱼，只是他们并没有各奔东西，而是商定共同去寻找大海。他俩每次只煮一条鱼吃。经过艰辛的跋涉，他们终于来到了海边。从此，两人开始了捕鱼为生的日子，并逐渐过上了幸福的生活。

[心灵捕手]……

一个人的坚持笑不到最后

故事中的前二者虽然身处困境，但幸运的是，他们得到了长者赐予的鱼竿和鱼，这可是脱离困境的好时机啊，非常符合孟子所说的"天时"。但他们却分道扬镳，这样，他们可能的合作变成了不可能，不仅"天时"自此荡然无存，同时也失去了另一个可能让他们脱困的重要条件——"人和"，结果导致了二人双双毙命。这就告诉我们，无论做任何事情，不管环境有多好、时机有多好，如果忽略了人的因素，做这件事的人不团结、不齐心协力，终究还是不能成功。

反观后面的两个人，在与前二者相同的条件下，两人紧密团结，精诚合作，终于一步步走出困境，走向新生。这难道不是"人和"在起作用吗？我们做事情也是一样，不管有无"天时"之利、"地利"之便，都要努力争取"人和"这个关键。如此，只要人人齐心协力，成功便触手可及。要知道，一个人的坚持走不了太远。

不以规矩，不能成方圆

[原文]……

不以规矩，不能成方圆。 _{选自《孟子·离娄上》}

如果不用圆规和曲尺，就不能准确地画出方形和圆形。这句话告诉我们，做事要遵循一定的法则。

[名师讲谈]……

规，画圆之器；矩，正方之器。规矩，圆规和曲尺。关于规矩和方圆的关系，看似非常简单，实则这是一个历来都被人们反反复复强调的问题。早在墨子时，他便于《墨子·天志上》中说道："匠人执其规矩，以度天下之方圆。"形象地诠释了规矩和方圆的关系，也就是孟子此处所说的"不以规矩，不能成方圆"。但墨子和孟子所说的"规矩"，已不再仅仅指圆规和曲尺，而是升华为标准和法度，故二人所表达的真实含义乃是做事要遵循一定的法则。

之后，孟子再提"规矩"："大匠诲人，必以规矩，学者亦必以规矩。"意即技艺高超的木工教导人，一定要遵循规矩，学习的人也一定要遵循规矩。对于"规矩"，这位圣贤对人们可谓耳提面命，因为他知道"规矩"在指导人们做事方面是多么重要。对此，就连三国时期的曹操都谨遵不违。

曹操为了赢得民心，曾制定了一项法令，凡有踏坏群众庄稼者一律斩首。没想到，有一次曹操自己的战马因受到惊吓，窜入农田中踏坏了一些青苗。曹操立即抽打战马，然后挥刀就要自裁。众人赶紧进言相劝，说曹丞相是国家栋梁，应为国着想，不能自杀；马因受惊而踏青苗情有可原，即使按律也应宽大处理。最终，曹操"割发代首"，以示警戒。在古代，人们认为身体发肤受之父母，毁伤是为不孝，所以曹操"割发代首"也算一种很重的惩罚。曹操此举立刻收到了震慑全军、令行禁止的效果。

暂且不论曹操这出戏是真是假，但他能够遵循自己所立的"规矩"，单这一点就难能可贵。我们也是一样，对于国家的法律法规，我们要严格遵守；对于做人做事的准则，我们也要时刻遵循。

[**闲话人生**] ……

引诱 火车上，一位英国绅士与一个法国女人同处一个包厢。这个法国女人想引诱这位英国绅士，于是她脱衣躺下后就抱怨身上发冷。于是，这位英国绅士把自己的被子给了她，但她还是不停地说冷。

"我还能怎么帮助你呢？"这位英国绅士沮丧地问道。

"我小时候妈妈总是用自己的身体给我取暖。"

"小姐，要这样的话，我就爱莫能助了。我总不能跳下火车去找你的妈妈吧？"

[心灵捕手]……

做事少不了"规矩"

"规矩",往大处说,可以指国家的法律法规,指社会公德,这样的"规矩"我们当然一定要遵守,而且毫无商量的余地;往小处说,它还可以是我们做人做事的原则,可以是一个公司的规章制度,可以是一所学校的校规班纪,可以是一种游戏的游戏法则,可以是一项体育赛事的竞技规则……对此,我们亦应遵循不怠。

就如同故事中的那位英国绅士,他有着自己为人处世的原则,这就是他的"规矩"。面对引诱,他能守住自己的"规矩",这既显得难能可贵又是那样的理所应当。不妨想一想,我们是否也有自己做人做事的"规矩"呢?当然,这个"规矩"必须是正确、正直、正大、正派的……不管做任何事情,我们都应该坚守自己的"规矩",不能跨越制约和限制自己行为的准则。

这个"规矩"好比拴住风筝的那根线,我们好比线那头的风筝。正因为有了这根"线",我们这个"风筝"才能飞上高空,翱翔于天际。但如果失去了这根"线",我们这个"风筝"便会掉落下来,不知飘向何方。所以,风筝的线还是要有的,做事的规矩还是要遵守的。

徒善不足以为政，徒法不能以自行

[原文]……

徒善不足以为政，徒法不能以自行。　　选自《孟子·离娄上》

只有善心，不足以治理好国家；只有法令，不能够使它自动执行。这句话是说德治与法治应相辅相成，不能只强调其中的一个方面。

[名师讲谈]……

孟子这里的"善"应指内在的"善心"，"法"当指外在的"法度"。他认为要想治理好国家，只有善心或者只有法度都是行不通的。他认为"善"与"法"应紧密结合，德治与法治并重而行，二者任何一方都不可或缺。

关于德治与法治的话题，历来人们都持有不同的观点，有的强调德治，有的力主法治。其中，孔子对德治比较推崇，他曾经说："道之以政，齐之以刑，民免而无耻；道之以德，齐之以礼，有耻且格。"（《论语·为政》）意思是说用政令来管理百姓，用刑罚来约束他们，百姓只能暂时免于犯罪，但不知道犯罪是可耻的；用道德去教化百姓，用礼教来制约他们，百姓便不但有羞耻之心，而且能自己纠正错误。孔子所说当然没有错，但是，仅仅靠"善"是不能独立承担起治国之道的，过于"善"更会因此堕入失败的深渊。历史上那个高举"善"之大旗的宋襄公，不就是因为"不重伤"、"不禽二毛"、"不鼓不成列"而终至兵败国亡吗？可见，德治的推行，如果缺乏法治这一强制力量，便很难形成普遍意义上的"善"。

当然，仅仅强调法治而忽略德治也是行不通的，最典型的代表当属法家，他们主张用"严刑酷罚"来统治社会。这一思想在维护统治者权力及社会秩序方面是发挥了一些作用，但重压之下的人民不堪重负。因此，夏桀、商纣王、周幽王、秦二世暴政治国最终身死国灭也便不稀奇了。所以，法治也没有错，但如果过于偏重于此的话，其结果也好不到哪里去。

说来说去，还是孟子的这句话比较经典，只有德治与法治双管齐下，天下才能大治。政治上如此，做其他事情也是一样。比如，在管理上，"德"可引申为人性管理，"法"可引申为制度管理；在人际交往中，"德"可以引申为良好的品行，"法"可以引申为处事原则，等等。只有坚持将二者相结合，才能将事情做得更为完满。

[闲话人生]……

你觉得怎么样 台湾一家纺织公司想到菲律宾去投资。有一次，该公司的董事长陪同一些人参观自己的公司。一行人在楼道里遇到一个正在扫地的清洁工。董事长走到清洁工面前，问道："老王，咱们公司想去菲律宾投资，你觉得怎么样？"清洁工老王回答："董事长，我没有意见。"清洁工走了，一旁来参观的人问董事长："你为什么征询他的意见啊？"董事长回答："我知道他没有意见，但我还是要问他，这样他就会觉得很有面子，出去后他就可以向别人炫耀一下了，以后扫地就会扫得更干净。"

[心灵捕手] ……

做事之道，莫失偏颇

这位董事长真是一位非常懂得人性管理的人。

在社会生活中，在方方面面的管理上，仅仅依靠各项规章制度的制约（"徒法"），虽然能够严肃纪律，一定程度上提高效率，但是被管理的人受到的是一种被动的约束，内心主动的前进动力没有被激发出来。相反，如果仅仅依靠人性管理（"徒善"），而没有规章制度作为做事的尺度标准，人们很可能会像脱缰的野马，任性而为，其结果必然会造成一定的损失。所以，在管理上要养成"制度制约，人性管理"的习惯，二者都不能有所偏颇。

这个道理同样适用于日常的人际交往及做其他事情上。比如在人际交往中，一个人如果仅仅具有良好的德行（"徒善"），而没有自己做事的原则，这是行不通的，反之亦然。延伸到其他方面，这个道理同样可以作为我们的借鉴和参考。

道在迩而求诸远，事在易而求诸难

[原文]……

孟子曰："道在迩而求诸远，事在易而求诸难。"

选自《孟子·离娄上》

孟子说："本来很近的路，却偏偏要向远处去追寻；本来很容易的事，却偏偏要从难处去着手。"这句话启示我们，凡事不要舍近求远、舍易求难。

[名师讲谈]……

"道在迩而求诸远"是舍近求远，"事在易而求诸难"为舍易求难。孟子这句话的下句为"人人亲其亲，长其长，而天下平"，意思是只要人人爱自己的双亲，尊敬自己的长辈，天下就太平了。

孟子的确善于用譬喻来说明道理，他将治国、平天下这等大事与孝顺双亲、尊敬长辈这般修身齐家的小事联系在一起，认为只要每个人都从自己身边的小事努力做起，天下也会变得太平无事。这其实是一个十分朴素的道理，如果人人都孝顺双亲、尊敬长辈，那他们的长辈便会顺心，后辈争相仿效，久而久之就会形成一种良好的社会风气，届时争端难起，天下自然太平。孟子这里所表达的意思与他说过的另一句话又遥相呼应："老吾老，以及人之老；幼吾幼，以及人之幼。天下可运于掌。"

在孟子所处的时代，一些诸侯国君主极力想通过"霸道"谋求天下，孟子认为这是一种舍近求远、舍易求难的行为。他奉劝那些君主应当从安抚自己的百姓做起，这些看似小事，但这样才算"近"，才是"易"。如此，最终天下归心、平治天下将不是难事。这些话说得是如此浅显平易，却又是那么意蕴深厚。

关于舍近求远、舍易求难的话题，孔子在对其弟子谈"仁"时也说过类似的话。孔子说："仁远乎哉！我欲仁，斯仁至矣。"意思是说，难道仁德距离我们很远吗？只要我想达到仁，仁就会到来。孔子亦是借此语提醒他的学生，在追求"仁"的道路上不要舍近求远，仁就在咫尺，只要肯调整心态，努力学习，则"斯仁至矣"。凡事不舍近求远、舍易求难，孔孟二人皆对此提及，我们是否也该学之效之呢？

[闲话人生]……

猎人的习惯　一个猎人有个习惯，爱立誓言，而且从不违背自己的誓言。有一天，他要去打猎，出门前立下誓言：今天只打兔子。然而，这天他遇到的全是山鸡。于是这天他空手而归。晚上，他躺在床上十分后悔，发誓明天一定只打山鸡。

第二天，猎人遵照自己的誓言去打猎。然而，这天他遇到的全是狐狸，结果，他又一次空手而归。后悔过后，猎人再次发誓：明天只打狐狸。

第三天，他又遵照自己的誓言去打猎。但是，这天他遇到的全是野猪。这天晚上，他依旧空手而归。后来，这个猎人在自己的誓言中死去了。

[心灵捕手]……

身边的就是最好的

我们都明白舍近求远、舍易求难是不可取的，但是却又常常不自觉地犯这样的错误。这不，故事中的猎人就舍近求远、舍易求难了。

猎人爱立誓言的习惯从某种意义上来说也算是好事，起码能够约束或促使自己去完成一件事情。但是，他未免过于迂腐，竟然舍弃近在眼前的易于捕获的猎物，却甘心空守誓言去捉不知何时才能出现的兔子、山鸡或狐狸。他与其空守三天，还不如将目光放在眼前的猎物上，来个"搂草打兔子"，看见什么先打回去再说。我们做事情时也是如此，不能舍近求远、舍易求难，最好先从身边的小事做起。

"合抱之木，生于毫末；九层之台，起于累土；千里之行，始于足下。"每一件大事都是由一件件的小事构成，我们要重视每一件小事。要知道，一个人的成功并不意味着只有做一些惊天动地的事情才能达到，相反，有时候正是我们对一些小事的处理方式，却恰恰昭示了成功的必然。古语有云："一屋不扫，何以扫天下？"从身边的小事做起，用积极的态度做好每一件小事，成功才能距离我们更"近"，实现起来也才能更"易"。

嫂溺，援之以手者，权也

[原文]……

嫂溺不援，是豺狼也。男女授受不亲，礼也；嫂溺，援之以手者，权也。 选自《孟子·离娄上》

见嫂嫂掉到水里而不去拉她，这是豺狼之行。男女之间不亲手递接东西，这是礼制；眼见嫂嫂掉到水里用手去拉她，这是变通的办法。孟子这几句话论述的是儒家"经权之辨"的思想，告诉我们做事情不要过于死板。

[名师讲谈]……

孟子主张"仁政""王道"等政治理念，坚持仁义之道不可侵犯。但是，孟子并不是个迂腐而不知变通的老夫子，他认为无论是为政也好，做事也罢，只要不违仁义之道，可以适当地有所变通。这就是他著名的"经权之辨"的思想。

孟子用"嫂溺，援之以手"的事例，对这一观点进行了说明。我们知道，"男女授受不亲"是中国古代一条重要的礼制大防，严防非夫妇关系的两性有过多的接触。但是，在嫂嫂掉入水中的情况下，做弟弟的是否应该"援之以手"呢？孟子的回答是肯定的。他认为如果因为惧怕非"礼"而使嫂嫂溺死于水中，那是豺狼的行为，而"援之以手"正是在坚持仁义之道的基础之上的一种灵活变通的处理方式。

孔子也十分重视"经权之辨"，他曾说："我则异于是，无可无不可。"这里所表达的也是一种不墨守成规，不法常可，要懂得随时变通的思想主张。

但是，古往今来过于死板、不懂得变通的人也不在少数，空为世人留下笑柄。"郑人买履"便是其中一例。

春秋时期，郑国有个想买鞋子的人。为了买到合适的鞋子，他先在家里用草绳量好了尺码。然而，当他匆忙来到集市并且相中了一双鞋时，却发现量好尺寸的草绳忘了带。于是，他赶忙跑回家里拿。等他再赶回来的时候，集市已经散了，他最后没有买到鞋。有人问他："你为什么不用自己的脚去试一试鞋是否合适呢？"他回答说："我宁可相信量好的尺寸，也不相信自己的脚。"

呜呼，这个郑人竟死板到这个地步！我们一定要吸取这一教训，参考孟子的"经权之辨"主张，做事情时在坚持原则的基础上灵活机变，这样才能将事情处理得更快捷、更完满。

[闲话人生]……

傻三卖蛋 傻三的母亲靠卖鸡蛋维持生计。有一天，母亲生病了，她把傻三叫到床前，对他说："我今天身体不舒服，你把桌上那一篮鸡蛋拿到集市上去卖了吧。你一定要记住，五毛钱一个鸡蛋。"

于是，傻三拎着一篮子鸡蛋来到了集市上。他随便找了个地方就开始吆喝起来："五毛钱一个鸡蛋。"有位中年妇女来买鸡蛋，她挑了两个，说："我买两个。"傻三一听，说："不卖，五毛钱一个。"中年妇女说："你给我两个鸡蛋，我给你一块钱，那不是五毛钱一个吗？"傻三一听急了，大声说："五毛钱一个，一块钱不卖。"

[心灵捕手] ……

变则通，通则久

傻三还真没给自己的名字"抹黑"，一直死守母亲对自己的嘱咐。在生活和学习中，我们做事情虽不至于像他这样死板，但也常常不经意地陷入自己设下的陷阱之中。

每个人都经常会为自己制订各种计划或目标，但是，可能由于某种原因，计划不一定能成功，目标不一定能实现。然而，我们可能仍会执著地苦苦支撑，苦苦努力。这固然是一种可贵的精神和美德，但是我们可曾想过，也许我们采取的方式或方法是错误的，也许我们制订的计划或目标是偏执的，所谓"变则通，通则久"，此时我们不应该继续坚持那些错误的方法或决定，而应该灵活变通一下，从而让计划或目标更合理，让方式或方法更恰当，让事情的解决更完满。处理其他事情也同样如此。

我们主张变通，但是也并非毫无原则地去变。就如同"君子爱财"但"取之有道"一样，我们的变通也应该有我们所坚持的"道"，这个"道"就是做人做事所应恪守的正确原则。脱离了这个"道"，那就成了圆滑，成了"厚黑"。

有不虞之誉，有求全之毁

[原文]……

孟子曰："有不虞之誉，有求全之毁。"选自《孟子·离娄上》

孟子说："有料想不到的赞誉，也有求全责备的非议。"这句话告诉我们，对于"不虞之誉"、"求全之毁"，要有宠辱不惊、去留无意的处世态度。

[名师讲谈]……

老子《德道经》中有句话说得好："宠辱若惊，贵大患若身。"意思是宠辱都会让人心惊，因此防范宠辱要如同防范大祸降临自身一般。虽然老子说的是"宠辱"，与孟子此处说的"毁誉"有别，但二者实质是相同的，且文意相近，都是强调对毁誉要超然处之，最好是"宠辱不惊，闲看庭前花开花落；去留无意，漫随天外云卷云舒"（《菜根谭》）。

对于孟子的这句话，朱熹在其《孟子集注》中曾引用了这样一段评论："行不足以致誉而偶得誉，是谓不虞之誉。求免于毁而反致毁，是谓求全之毁。言毁誉之言，未必皆实，修己者不可以是遽为忧喜。观人者不可以是轻为进退。"大意是说，一个人的德行不足以获得赞誉却意外得到赞誉，这就是"不虞之誉"；一个人力求让自己免于遭到非议却遭到非议，这就是"求全之毁"。这样的赞誉和非议不一定是真实的，一个有修养的人不必因此而感到忧伤或欢喜，旁观者也不可以据此妄下结论。

正如朱熹评论中所说,"不虞之誉"可能含有水分,我们不能因为有如此之"誉"而得意忘形。俄国作家克雷洛夫写过一篇寓言,说的是有一只小羊想出风头,它冒充狼吓唬同伴。但是,当它披着狼皮绕到羊群边上时,立刻被看护羊群的狗扑倒在地,刹那间被撕得粉碎。小羊的这种"风头"就是一种"不虞之誉"。结果呢?它死在了这个"誉"上。

明初有一个沈万三,为江南首富。为讨好朱元璋,他捐巨资修建南京城,据载他"助筑都城三分之一"。后来,沈万三还溜须拍马地想为朝廷犒赏三军,惹得朱元璋大怒:"匹夫犒天下之军乱民也,宜诛之。"终于,沈万三被皇家认为其富可敌国,恐成皇家大患,最后家产被抄,全家被发配云南。此可谓"求全之毁"。

由此,我们对于"不虞之誉""求全之毁",应该审慎地对待,如果能做到"宠辱不惊""去留无意"当然是最好了。

[闲话人生]……

狼的影子　一条狼徘徊在山脚下,落日的余晖照着它,使它的影子看起来特别长。

看着自己的影子,狼得意扬扬地对自己说:"我有这么大的身体,几乎有一亩田那样大,为什么还怕狮子?难道我不该被称为百兽之王吗?"狼一时沉醉其中。

这时，一头狮子渐渐向它靠近。狼恃于自己的"强大"，昂首挺胸地迎向狮子。结果狮子张开大口就把狼咬死了。

[心灵捕手]……

去留无意，宠辱不惊

一亩田那么大，确实够大！但这仅是斜阳照出的狼的影子而已，狼所拥有的仍是那个比狮子小很多的小块头。狼没有认清发生在自己身上的这一"不虞之誉"，所以它轻易地成为狮子的口中餐也就不足为奇了。

我们有时候也会面临如此"不虞之誉"，这或许是别人对我们由衷的赞誉，亦或许是别人给我们戴的一顶顶高帽，或许是我们实至名归，亦或许是我们名不副实。对此，我们应该学会正确地对待，做到"宠不惊"。如果我们沉醉其中的话，就会像狼被狮子吃掉一般，也会被自己滋生出的自满情绪吃掉，从而阻碍进取心。

当然，有时候我们虽然很努力，做人成功，做事到位，但仍然会听到一些不好的评价。对此，我们也要正确对待，做到"辱不惊"。如果这些批评所言果真存在，我们认真改正就是；如果这些批评纯属子虚乌有，那这便是"求全之毁"，我们大可不必理会。

所以，"言毁誉之言，未必皆实"，我们当如《菜根谭》中所说："宠辱不惊，闲看庭前花开花落；去留无意，漫随天边云卷云舒。"不管别人怎么评价，你就是你，重要的是走好自己的路。

人有不为也，而后可以有为

[原文]……

孟子曰："人有不为也，而后可以有为。"

选自《孟子·离娄下》

孟子说："人要有所不为，然后才能有所作为。"这句话告诉我们，要学会有选择地做事，做有价值的事，这样才能有机会做出一番大事业。

[名师讲谈]……

但凡成大事者，对于自己的目标与行为，都能做出合理的选择。所谓"大行不顾细谨，大礼不辞小让"，只有合理把握做事的尺度，知道哪些是应该去做的，哪些是应该舍弃的，才能成就大事，有所作为；如果不懂得如何进行抉择，势必让自己忙碌得焦头烂额，而终碌碌无为。孟子这句话所要表达的就是这个意思。

类似的话道家也曾经说过，老子《道德经》便有"道恒无为，而无不为"、"无为则无不为"、"为无为，则无不治矣"等语。这里的"无为"是指统治者要不妄为、不乱为、不违反自然规律、不做有损道德规范的事，这些可以与孟子所说的"人有所不为"联系起来。老子主张在"无为"的基础之上制定相应的法律、法规，并且不随意更改，人们在这样的环境下，才能尽情地发挥自己的能力，努力做事。这又与孟子所说的"而后可以有为"相联系。可见，老子的"无为"与孟子的"不为"所追求的最终目标还是"有为"。这便又回到了原文所要阐明的观点：一个人要学会有选择地做事，做有价值的事，这样才能有机会做出一番大事业，即"人有不为也，而后可以有为"。

三国时期，蜀主刘备的儿子刘禅能力欠缺，刘备对他很不放心，临终立下遗诏，对刘禅嘱咐再三，劝勉他要进德修业，有所作为。遗诏中有句话是："勿以恶小而为之，勿以善小而不为。"意思是不要因为不好的事小而去做，也不能因为好的事小而不去做。刘备在这句话里对什么该"为"、什么应"不为"也做了详细的交待，虽然他只提到了"恶"与"善"，但对我们做其他事情同样具有指导意义。

那么，你知道自己哪些应该"不为"，哪些又应该"为"吗？

[闲话人生]……

热心的朋友　桑田是一个对朋友很热心的人。有一天，他的一位朋友来请他帮忙。桑田听完朋友的诉说，一时也想不到好的解决办法。朋友着急地说："如果你没有好办法，我就去找别人。"

桑田急忙说，"我一定有办法，请你给我三天时间。"朋友无奈地说："好吧，那就拜托了。不过，如果三天后还没有解决方法，事情会很严重。"桑田连说没问题。此后三天里，桑田绞尽脑汁也没有想到好办法。他一度想如实告诉朋友，但他一想到这样自己会脸面无光，于是死撑着熬过了最后期限。

第四天，朋友来找桑田。在得知桑田没有解决办法后，朋友一时顿足捶胸，痛哭失声。桑田知道自己铸下了大错，但是已经无法挽回了。

[心灵捕手]……

审时度势，言出必行

桑田为了面子，对超出自己能力范围的事武断地大包大揽，明知其不可为而为之，最终铸成大错。虽然说事在人为，但是，并不是所有的事情都可为，而应该根据实际情况和自己能力所及，有所为有所不为。

什么事情不该为？以故事中的桑田为鉴，自己力所不及的事情不为。每个人都不可能是全才，其能力和精力毕竟有限，对于力所不及的事情要敢于果断地抛弃。如果一味地在该事上钻牛角尖，其结果是不但完不成此事，还可能错过其他力所能及且更为重要的事。另外，不合乎道义的事情不为，这是为人处世的基本原则，我们任何时候都要坚守。

什么事情该为？与上相对，当然是合乎道义而又力所能及之事该为。只要我们心中有了正确的奋斗目标，就当拼尽一切力量去实现它。即使最终的结果不尽如人意，但只要我们努力了，尽心尽力了，我们就心中无憾。

所以，我们不妨斗胆将孟子的话改为：有所为有所不为，而后可以有为。

友也者，友其德也

[原文]……

孟子曰："不挟长，不挟贵，不挟兄弟而友。友也者，友其德也，不可以有挟也。" 选自《孟子·万章下》

孟子说："不倚仗自己年长，不倚仗自己地位高，也不倚仗兄弟的势力去交朋友。交朋友，是因为对方的品德好才去结交他，不可以有什么倚仗。"这句话道出了交友要"友其德"这一重要原则。

[名师讲谈]……

古人非常重视交友，而且对交友也有一定的标准，这一点从一些载于史册的文字中便可见一斑。比如，《战国策·楚策一》中有"以财交者，财尽则交绝；以色交者，华落而爱渝"之语，《史记·郑世家赞》中也有"以权利合者，权利尽而交疏"之言，指出交友不能将金钱、权势、地位等因素掺杂在内。

儒家对交友也非常重视，更将朋友与君臣、父子、夫妇、兄弟作为社会中五种最重要的社会关系，称之为"五伦"。《论语》中有孔子说过的这样一句话："益者三友，损者三友。友直，友谅，友多闻，益矣。友便辟，友善柔，友便佞，损矣。"意思是有益的朋友有三种，有害的朋友有三种。与正直的人交朋友，与诚实的人交朋友，与有知识、见闻广博的人交朋友，是有益处的；与虚伪做作的人交朋友,与逢迎谄媚的人交朋友,与花言巧语的人交朋友,是有害处的。孔子向人们阐述了什么样的朋友可交,什么样的朋友不可交。

及至孟子,当他的得意弟子万章向他请教怎样交朋友时,孟子回答:"友也者,友其德也。"他明确地指出,交朋友,交的是朋友的道德品质,不能依仗自己年长,不能依仗自己地位高,也不能依仗自己兄弟有权势有地位。孟子一语道出了交友的一个重要原则。孟子还举例说,孟献子是一位拥有百辆车马的大夫,他有五位要好的朋友。他们倾心交往,彼此心中都没有身份贵贱之分。如果孟献子总是自恃高贵,或者朋友们也总认为孟献子很高贵,那他们就不可能成为好朋友了。

"友也者,友其德也",这句话虽出自千年前的古人之口,但对今人乃至后人来讲同样具有重要的指导意义。

[闲话人生] ……
两个朋友和两个苹果 有一对十分要好的朋友正在沙漠中穿行,干渴威胁着他们的生命。上帝为了考验他俩的友谊,对他们说:前面的树上有两个苹果,一大一小,吃了大的就能平安地走出沙漠。

两人听了,都执意让对方吃那个大的苹果,自己吃小的。他们在争执中因为劳累渐渐睡着了。不久,其中一个人突然醒来,他发现朋友不知何时已经向前走了。于是他也急忙向前走去,并且来到了上帝所说的那棵树下。树上只剩下一个苹果了,他摘下一看,苹果很小很小。他顿时感到朋友欺骗了他,便怀着悲愤与失望的心情向前走去。

突然,他发现了晕倒在前面的朋友。当他过去将朋友扶起时,惊异地发现：朋友手中紧紧地攥着一个苹果，而那个苹果比自己手中的要小许多。

[心灵捕手]……

真正的友谊

故事中的两个人经受住了上帝的考验，他们是真正的朋友。

我们也会交一些朋友，且有"益友"、"损友"之别。"益友"，用孔子的话说就是正直的人、诚实的人、有知识和见闻广博的人。"近朱者赤"，同这样的人交朋友，我们自身也会受到熏陶与提高。当然，这需要彼此间用真诚的心去交流，这样才是真正的友谊，也才能得到恒久的维系。

但是，往往有一些人交友却恰恰与此背道而驰。他们结交的尽是一些"损友"：虚伪做作的人、逢迎谄媚的人、花言巧语的人等。这种友情，因为少了心与心的交流，所以虽然表面上会一时欢愉，但注定不会长久。且"近墨者黑"，自己渐渐也会在这些"朋友"的影响下变"损"。

交友贵在交心，所以，高尚的品德才是友谊的基础。我们应该秉承这一原则，去寻找属于自己的真正的友谊。

一日暴之，十日寒之

[原文]……

虽有天下易生之物也，一日暴之，十日寒之，未有能生者也。 选自《孟子·告子上》

天下即使有容易生长的生物，放在太阳底下晒一天，却又接连地冻它十天，没有能再长得了的。孟子在这句话中是要告诉大家，做事要认真，要持之以恒。

[名师讲谈]……

战国时代，百家争鸣，知识的发展蓬蓬勃勃。一些游说之士学识广博，而且还能以深刻生动的比喻，激励人们如何做事。孟子以上这句话便是要告诉大家，做事要认真，要持之以恒。可以说，这个比喻能够放诸四海，适用于各种领域。现在，这句话还被后人简化为"一曝十寒"这个成语，用来比喻做事没有恒心。

孟子说这句话时是有前提的。当时齐王行事昏庸，做事不能长久坚持，还轻信奸佞谗言。孟子对此非常不满，便常常对他进行劝诫。有一天，有人嘲笑孟子，说齐王并没有从孟子的劝诫中受益，依然如故。孟子听完便说了以上的话，说明自己和齐王相见的时间太短，自己一离开齐王，那些"冻害"他的奸佞之人便会立刻跑来。这样的话，即使齐王有善心萌动的时刻，也很快会被他们扼杀。孟子还以下棋为例，进一步阐述自己的观点。弈秋是全国最会下棋的能手。假如让他教两个人学下棋，其中一个人专心致志，处处听弈秋的指导；另一个人虽然也听着，却一心以为也许会有大雁飞来，总想拿起弓箭去射它，他虽然和前一个人一起学下棋，但却不如那个人学得好。这不是他们的智力有什么区别，而是专心的程度不一样。孟子反复举例，也反复证明着自己的观点。

毛泽东在湖南第一师范学校学习期间，曾经写过一副对联："贵有恒，何必三更起五更眠；最无益，只怕一日曝十日寒。"说的也是要持之以恒的道理。反过来说，如果我们做事时放松对自己的要求，"三天打鱼，两天晒网"，那什么事情都别想做成了。而只要我们肯坚持，成功也便距离我们不远了。

[闲话人生]……

一个梨　一位独行者在大漠中迷失了方向，他身上只剩一个梨。他惊喜地喊道："太好了，我还有一个梨，它能救我的命！"

他把那个梨紧紧地握在手中，继续在大漠里行走。他望着茫茫无际的沙海，很多次对自己说："吃一口吧！"可是转念一想："还是留到最干渴的时候吧！"

于是，他顶着炎炎烈日，继续艰难地跋涉。就这样，他一直坚持了三天，终于走出了大漠。他久久地凝视着手中的那个梨，它早已经干瘪了。就是这一个梨给了他希望和勇气，让他在困境中坚持不懈，最后挽救了自己的生命。

[心灵捕手]……

走出生命的沙海

在古老的东方，挑选公牛到竞技场格斗有一定的程序。它们被带进场地，向手持长矛的斗牛士攻击，裁判以一头公牛受戳后再向斗牛士进攻的次数多寡来评定这头公牛的勇敢程度。在生活和学习中，我们每天也在接受着类似的考验。如果我们坚持不懈，勇往直前，迎接挑战，就一定会成功；如果我们空负理想，虽偶有激情，但却坚持不了多久便懈怠下来，失败也便离你不远了。

失败并不可怕，可怕的是失败后怨天尤人，认为自己再无机会而从此消极堕落。要知道，一个人要想取得成功，不仅在于他如何去把握机会，更重要的是要有坚持不懈、持之以恒的顽强意志。谁都可以保持三分钟的热度，但往往一曝十寒却是许多人的通病。所以，我们要有一种不达目的不罢休的精神。就如同上面故事中的独行者，他在困境中坚持不懈，最终逃脱了被沙海掩埋的厄运。所以，只要我们认准了目标，坚持不懈，终究也会走出生命的沙海。

舍鱼而取熊掌

[原文]……

孟子曰:"鱼,我所欲也,熊掌亦我所欲也;二者不可得兼,舍鱼而取熊掌者也。生亦我所欲也,义亦我所欲也;二者不可得兼,舍生而取义者也。"

选自《孟子·告子上》

  孟子说:"鱼是我喜欢吃的,熊掌也是我喜欢吃的;如果二者不能都吃,那么我就舍弃鱼而吃熊掌。生命是我想拥有的,正义也是我想拥有的;如果二者不能都拥有,那么我就牺牲生命而坚持正义。"孟子以鱼和熊掌这两种食物比喻生命和正义的取舍关系,强调了舍生取义——正义比生命更重要的概念。

[名师讲谈]……

  孟子向来是一位说理的大师,他喜欢讲一些大道理,常常能利用生动活泼的比喻,让人们很容易便领悟他的想法。在这里,鱼和熊掌这两种食物又成了他比喻之炊里的两道原料。鱼价值低廉而熊掌珍贵,当不能同时得到它们时,必然舍鱼而取熊掌。同理,正义的价值要比生命重要得多,当不能同时得到二者时,须舍弃生命而选择正义。孟子运用比喻的手法,提出了"舍生取义"这一重要的价值取向。

  人对生命的渴望是极强的,对死的厌恶也同样强烈,所以不知从何时起,便有了"好死不如赖活着"这句俗语。但显然如果孟子听到这句话，他肯定是不会苟同的。在孟子看来，人的生命诚然可贵，但仍有比生命更重要的东西，那就是"义"。上溯至孟子的前辈孔子，便曾有云："志士仁人，无求生以害仁，有杀身以成仁。"下追到荀子，也曾说过"人之所欲生甚矣，人之所恶死甚矣，然而人有从生成死者，非不欲生而欲死，不可以生而可以死也"的话。可见，孟子"舍生取义"的思想，其实也是儒家一致认同的价值观。

在鱼和熊掌的选择上，孟子是下定决心要吃"熊掌"的。在这掷地有声的言语当中，突出了一种为理想而敢于牺牲的大无畏的精神境界，而这种精神，也不同程度地影响了中国历史上无数的志士仁人。

南宋末年的文天祥，在元军入侵之际，积极组织力量进行抵抗，后来失败被捕。面对元朝的威逼利诱，他视死如归，丝毫不为所动，并留下了"人生自古谁无死，留取丹心照汗青"的千古绝唱。虽然文天祥最后被杀，但他舍生取义的精神永远激励着后人。清末谭嗣同在戊戌变法失败后，本可以安然脱身，但他没有选择离开，而是选择了舍生取义，一心想用自己的鲜血来唤醒沉睡的国人。事实上，他的死也果真对后世产生了深远的影响，正如他自己所说，是死得其所。

"舍生取义"的价值观，培养了中华民族的浩然正气和爱国主义的高尚情操，成为中国传统文化中的精华。

说到这里，突然联想到相关媒体上有这样一则报道，说某酒楼打出标价为88888元一席的天价年夜饭，号称娃娃鱼全席，并且可以提供熊掌等珍稀菜肴。在此我们先抛开该酒楼是否有炒作、违法之嫌，单就这一娃娃鱼全席来说，看来鱼和熊掌有时候也是可以兼得的。所以，孟老先生这句话并不是说鱼和熊掌二者必然不可兼得，而是强调当它们不能兼得的时候，我们应当如何取舍。假使我们能吃到熊掌，同时又能吃到鱼——以上天价年夜饭的例子除外，那何乐而不为呢？如果我们能保住性命，而又不会失去自己所坚持的正义，又何必还去送死呢？

[闲话人生]……

农夫的选择　　一位农民从洪水中救起了他的妻子，他的孩子却被淹死了。事后，人们议论纷纷。有的人说农夫做得对，因为孩子可以再生一个，妻子却不能死而复活。有的人说农夫做错了，因为妻子可以另娶一个，孩子却不能死而复生。

一个人听了人们的议论，也感到困惑：如果只能救活一个，那究竟应该救妻子，还是救孩子呢？于是，他去拜访那位农夫，问农夫当时是怎么想的。

农夫回答说："当时我什么也没有想。洪水冲过来的时候，妻子在我身边，我抓住她就往附近的山坡游。当我再返回时，孩子已经被洪水冲走了。"

[**心灵捕手**]……

学会取舍

　　正如农夫所做，所谓的人生抉择便是如此，当鱼和熊掌不能兼得时，那么就把握你眼前能够把握得住的。其实人每天都要面临各种各样的选择，而对于学生来说，面临更多的当然是学习和个人爱好之间的选择。现在，上网、足球、明星以及外界的其他事物，都对学生有着极强的诱惑力。而青少年正处于可塑性较强的时期，各方面还不够成熟，而且模仿能力较强，面对这些林林总总的事物，更要学会如何正确地进行选择，学会如何取舍。

　　其实，良好的个人爱好本身并没有什么不良后果，正常的上网可以收集信息、丰富娱乐生活、增进人际交流等；踢足球、看足球也可以在紧张的学习后适当地缓解一下压力。但任何事物都有一个正常的限度，如果超过这个限度，便会对它产生一种强烈的依赖性，从而让人耗费过多的精力，那良好的学习成绩又从何而来？有人说：人生是一个不断放弃的过程，必然会有所得失，有所取舍。要知道，背囊里的东西越多也就越重，最终你索取的东西会使你累倒在地。所以，我们要加强自我控制能力和自我约束能力，让学习兴趣在和个人爱好的PK中获胜。

无以小害大，无以贱害贵

[原文]……

体有贵贱，有小大。无以小害大，无以贱害贵。

选自《孟子·告子上》

身体有至关重要的部分，也有微不足道的部分；有小的部分，也有大的部分。不要因为小的部分而损害大的部分，也不要因为微不足道的部分而损害至关重要的部分。这句话强调了护养人的本性的重要性。

[名师讲谈]……

在《孟子·告子上》中，孟子曾经说过这样一句话："苟得其养，无物不长；苟失其养，无物不消。"意思是，假如能够得到好的滋养，没有东西不能生长；假如丧失了好的滋养，没有东西不会消亡。这是孟子从牛山林木受到破坏的教训中引申出来的道理。树木如此，那人又当如何"养"呢？

孟子认为，人的护养应当包括身体和本性两个方面，但是两者又有"贵贱"、"小大"之分。我们知道，孟子一贯主张"性善"，相对于人"善"的本性来说，身体的其他部分如头发、皮肤、耳目、手足等，是"贱"和"小"的方面，而人的本性则是"贵"和"大"的方面，二者关系不能颠倒。善用譬喻的孟子还举例说明：假如有这样一个园艺家，他把梧桐、楸树这些名贵而重要的树木丢在一边，反而花费大力气去养护酸枣、荆棘，那么他就是个不称职的园艺家。假如有人只专注于保养他的一根手指，反而使肩背丧失了功能，自己居然还不明白，那么他就是个糊涂透顶的人。孟子通过这些告诉我们，"无以小害大，无以贱害贵"，即要养护好人的本性，不要因小失大。

相信大家还记得鲁迅先生在日本学医时的一段经历。当时，他看到了一部影片，影片中有中国人给俄国人做侦探，被日本军捕获，最后被五花大绑押赴刑场，要被执行枪决。一群中国人围在一旁观看，他们四肢强壮，表情却是那样麻木，甚至还跟着其他人酒醉似的喝彩。鲁迅先生深受震撼，一种愤怒、悲痛、屈辱的情感紧紧地抓住了他的心。他觉得学医只能解救病人肉体的苦痛，却不能拯救人的心灵，所以决定弃医学文，借以唤醒民众的觉悟。

鲁迅先生在养护人的身体和本性之间做出了"小大"、"贵贱"的选择，我们又当如何选择呢？

[闲话人生] ……

贪甜头的苍蝇　一只猫把厨房里的一瓶蜂蜜打破了，蜂蜜洒了出来，甜味弥漫在院子里。

一群苍蝇被蜂蜜的甜味吸引，纷纷从窗外飞进来，停在蜂蜜的黏液上大快朵颐。

苍蝇们只顾着享受蜂蜜的甜味，却没注意到双脚已被蜂蜜粘住了。没多久，它们飞不开也动不了，身体渐渐地凝在蜂蜜里。

这群苍蝇越是想挣脱，越是被粘得更牢，直至用尽了力气也没有逃离开。临断气前，它们嘶吼着："我们真是傻，为了一点甜头，竟然丢了性命。"

[心灵捕手]……

小不忍则乱大谋

　　故事中的苍蝇为了享受一时之快，结果却葬送了自己的性命。我们一定要引以为戒，千万不能因小失大，为了贪图蝇头小利而给自己带来无穷的祸患，甚至葬送自己的大好前程乃至生命。

　　苍蝇的举动看上去非常愚蠢可笑，但事实上我们许多人也经常犯类似的错误。在做一些事情时，一些人往往分不清哪些是至关重要的，哪些是微不足道的，哪些是亟待解决的，哪些是可以缓一缓的……所以，他们常常是捡起了芝麻却丢了西瓜，最终留给自己的是唏嘘感叹甚至是惨痛的教训。

　　孔子曰："小不忍则乱大谋。"我们不应在小事上纠缠不清，不应斤斤计较一时的得失，而应该胸襟开阔一些，眼光长远一些，这样才有利于事情的长远发展，而对我们来说，做到了这些，成功的砝码也会增加。

仁之胜不仁也，犹水胜火

[原文]……

仁之胜不仁也，犹水胜火。今之为仁者，犹以一杯水救一车薪之火也；不熄，则谓之水不胜火。　选自《孟子·告子上》

仁能够战胜不仁，就像水能够灭火一样。但如今那些施行仁道的人，就像拿着一杯水去浇灭一车木柴所燃烧起来的大火一样，大火灭不了，就说水不能灭火。这段话告诉我们，当一件事物效果不佳时，有时候并不是事物本身的问题，可能是我们自身努力不够，或受到其他的局限，所以我们要竭尽所能地去努力达成。

[名师讲谈]……

孟子是在讲述仁与不仁的关系时而发此语的。他没有一上来就干巴巴地说理，而是将仁和不仁的关系比做水与火。他说，仁能够战胜不仁，就像水能够战胜火一样。但是，如果只是用一杯水就想浇灭一车木柴所燃烧起来的大火，其结果必然失败。就像那些施行仁德的人，他们只付出了一点点努力，一看没有什么效果，就武断地说仁战胜不了不仁，这就如同在说水灭不了火一样可笑。

孟子通过这样一番话是要告诉人们，一些好的制度、好的事物有时取不到好的效果，并非制度或事物本身的问题，而是由于执行的人措施不力，或者是时机的选择不恰当，或者是量的积累没有达到一定的程度，所以受到一些挫折在所难免，但是不能就此将一切都否定了。而如果措施得当、选准时机、加倍努力的话，事情终将会取得成功。中外历史上诸多以少胜多、以弱胜强的经典战例，不就是最好的证明吗？

秦朝末年，赵王歇被二十万秦军围困在巨鹿，项羽奉楚怀王之命率军五万前去救援。他带领楚军渡过黄河，可楚军跟秦军的实力相差太过悬殊。为了督促士兵奋勇杀敌，项羽下令把做饭的锅一律砸碎，将渡河的船只全部凿沉，并把营房都烧掉，只带了三天的干粮，以表决一死战的决心。楚军一到巨鹿，全军将士不畏牺牲，奋勇向前，最终取得了巨鹿之战的胜利。

看来，只要我们肯付出努力，就没有过不去的"火焰山"。"大火"起时，一杯水不够，我们可以用一盆水、一池水，或者再叫来消防车、架上水龙，如此，莫说是"车薪之火"，再大的火也灭它没商量。

[闲话人生] ……

给自己一片悬崖　一位中国留学生刚到澳大利亚，他利用课余时间到澳洲电讯公司应聘。过五关斩六将之后，他眼看就要得到那个年薪丰厚的职位，不想招聘主管却出人意料地问他："你有车吗？你会开车吗？我们这份工作要时常外出，没有车寸步难行。"这位留学生初来乍到，哪来的车？为了得到这份工作，他不假思索地回答："有！

会！""三天后开着你的车来上班吧。"招聘主管说。

三天之内要买车、学车谈何容易。这个留学生咬了咬牙，向朋友借钱从市场上买了一辆旧车。第一天他跟朋友学习简单的驾驶技术，第二天他在一块大草坪上摸索练习，第三天他开着车歪歪斜斜地上了公路，第四天他居然驾车去公司报了到。时至今日，他已是澳洲电讯公司的业务主管了。

[心灵捕手]……

只要我们努力付出

这位留学生没有车，也不会开车，他比孟子所说的"境界"更甚，连"杯水"都没有！但是，他勇于向自己挑战，将自己置身于"悬崖"之巅，以置之死地而后生的恢宏志气，跨越了眼前或去或留的生死玄关，终于取得了成功。

我们做事情不可能任何时候都是一帆风顺，此时，我们不要抱怨事情完成的难度太大，不要抱怨老天没有赐给自己良好的机遇，不要抱怨自己是在孤军奋斗而无人相助，不要抱怨事情成功的条件或因素太少……唯一可以抱怨的是为什么我们自己的努力不够。即使付出了努力而结果并不理想，那也不要紧，至少我们尝试过了，努力过了，我们心中至此无愧。

"陷之死地而后生，投之亡地而后存"，这句极其简单的士兵保命哲学，同样可以作为我们的生存箴言。看看故事中的这位留学生，我们只要肯像他一样付出努力，也可以三天学会"开车"。

生于忧患而死于安乐

[原文]……

生于忧患而死于安乐也。 选自《孟子·告子下》

忧虑祸患可以使人生存,安逸享乐却足以使人败亡。这句话告诉人们要时刻有忧患意识。

[名师讲谈]……

孟子这句话一经出口,便被后人屡屡引为座右铭,激励了无数人在逆境中奋起,在顺境中前行,其实质蕴含的便是一种忧患意识。

在这一点的论述上,孟子列举了一系列建功立业的成功人物,例如舜、傅说、胶鬲、管仲、孙叔敖、百里奚等,他们起初都曾经历过一段忧患的艰苦岁月,有的做过农夫,有的当过泥瓦匠,有的做过囚犯,有的甚至做过奴隶。但是,即便在如此艰难的境况下,他们并没有被命运击倒,反而是"发于"逆境、"举于"逆境。究其因,是他们心中的忧患意识在激励着他们,使得他们在逆境中奋发而起。

孟子认为,当人身处忧患的境地时,能"动心忍性,曾益其所不能",最终取得成功。他举出的几个人物有力地证明了这点,而历史上能同样成为孟子这一观点佐证的也并不鲜见。司马迁在《史记·太史公自序》中也记叙了几个人物:"文王拘而演周易;仲尼厄而作春秋;屈原放逐,乃赋离骚;左丘失明,厥有国语;孙子膑脚,兵法修列;不韦迁蜀,世传吕览。"周文王、孔子、屈原、左丘明、孙膑、吕不韦等,他们同样身处忧患的境地,甚至遭受的屈辱和打击更甚,但他们克服了重重困难,最终在各自的领域取得了杰出的成就。

有句话说得好,"吃得苦中苦,方为人上人"。我们不喜欢忧患,但也不惧怕忧患,面对困顿的境地,我们唯有迎难而上,奋发图强,方能一跃而起,一飞冲天。与忧患相对的是安乐,相信绝大多数人都对它趋之若鹜。但是不要忘记,在享受安乐的同时,我们心中一定要有忧患意识,否则,我们将在安逸享乐中渐渐迷失自己,甚至死于其中。这一点我们就不必大书特书了,历史上那些因荒淫逸乐而终致身死国灭的昏君,不就是最好的明证吗?

所以,忧患不一定是坏事,它能激励人的志气和信心,激发人的智力和潜能,让你看得更高,走得更远;而安乐也不一定是好事,贪图享受的话容易让自己迷失其中。

[**闲话人生**] ……

猱和老虎　有一种叫做猱的动物,体形很小,但是爪子非常锋利,善于爬树。有一天,老虎的脑袋有些痒,就命猱给自己挠挠。于是,猱趴在老虎脑袋上给它挠了起来。老虎被挠得非常舒服,不觉脑袋被挠破了，但它丝毫没有察觉。猱慢慢地取老虎的脑浆吃，并且把剩下的脑浆献给老虎，说："我偶然得到些美食，不敢私自享用，特献给您。"老虎说："不错，你真是个忠心的猱！"老虎吃完了，还没有察觉。渐渐地，老虎的脑袋被掏空了，它疼痛难忍，而猱却已经爬到高树上了。老虎蹦跳大叫，很快就死了。

[心灵捕手] ……

没有危机感是最大的危机

这个故事太恐怖了！老虎过于贪图舒服的搔痒感受，却不知不觉被掏空了脑壳。这个故事为我们道出了没有危机感的危害性，而没有危机感恰恰是最大的危机。

安逸的生活固然悠闲舒适，但也容易使人自我松懈，丧失进取心，结果会给自己埋下危机的种子。或者，我们在某些方面也可能已经做出了一定的成绩，欣欣然享受着成功的喜悦。但"天有不测风云，人有旦夕祸福"，人生之路不可能永远是一片坦途，我们一定要增强忧患意识，居安思危。当然，这种忧患意识不是让人悲观消极、灰心丧气，而是让我们自我加压，艰苦奋斗，从而激励自己积极进取，奋发图强，以向更高的目标迈进。

增强忧患意识，能够让我们于顺境中预见危机，于有利中预见不利，及时采取应付措施，这样我们才可能永远立于不败之地。就如同微软公司那句著名的口号："不论你的产品多棒，你距离失败永远只有18个月。"这体现的正是一种忧患意识。

穷则独善其身，达则兼善天下

[原文]……

穷则独善其身，达则兼善天下。 选自《孟子·尽心上》

困窘时完善自己的身心，得志时则拯济天下。这句话表明了孟子一种积极而达观的处世态度。

[名师讲谈]……

当一个人困窘不得志时，他如何抚慰自己那颗失落的心而泰然处之呢？当一个人飞黄腾达时，他又如何不失其为人的根本而做到安然自得呢？孟子给我们提供了一个极好的参考："穷则独善其身，达则兼善天下。"

在孟子的概念里，穷、达都是身外之物，唯有道义才是所应守护的根本。所以，他认为，困窘时不应该怨天尤人，不应该丧失胸中的正气，而应该守护自己的身心，努力培养自己良好的德行；得志时不应该只顾自己的利益，而应该泽被天下，尽量为百姓、为国家多做些贡献。孟子这番话不仅流露出一种"不以物喜，不以己悲"的豁达淡然的心态，还表现出了"独善其身"、"兼善天下"的积极向上的态度。而这也正与孟子所说的"穷不失义，达不离道"、"得志，泽加于民；不得志，修身见于世"相符合。

其实，孔子也曾说过类似的话："用之则行，舍之则藏。"意思是受重用时，就展露才华；不受重用时，就韬光养晦。孔子与孟子这两位儒家最具代表性的人物，用这样两句同样具有代表性的言语，共同表达

了一种儒家知识分子对出世与入世、进与退的政治抉择与人生态度。

在古代人物中，将孟子所说的这种境界演绎得最好的当属宋代的范仲淹，他甚至有过之而无不及。范仲淹自从成为朝廷命官，便以身许国，心忧天下。即便身处"江湖之远"，他仍十分关心百姓疾苦。"寸怀如春风，思与天下芳"，哪怕只有一点欢乐，他也愿意与天下人共享。而他的一句"先天下之忧而忧，后天下之乐而乐"，更是振聋发聩，体现了一种忧国忧民的高尚品格。

"穷则独善其身，达则兼善天下"，这句两千多年来中国知识分子立身处世的座右铭，也理应成为我们处世的人生参考。而对于现今的我们来说，无论穷达，我们都应该"兼善天下"。

[闲话人生]……

墓志铭 安葬于西敏寺的一位英国国教主教的墓志铭是这么写的："我年少时，意气风发，踌躇满志，当时曾梦想要改变世界。但当我年事渐长，阅历增多，我发觉自己无力改变世界，于是我缩小了范围，决定先改变我的国家。但这个目标还是太大了。接着我步入了中年，无奈之余，我将试图改变的对象锁定在最亲密的家人身上。但天不从人愿，他们个个还是维持原样。当我垂垂老矣，我终于顿悟了一些事：我应该先改变自己，用以身作则的方式影响家人。若我能先当家人的榜样，也许下一步就能改善我的国家，再后来我甚至可能改造整个世界，谁知道呢。"

[心灵捕手]……

"我应该先改变自己"

这位主教年少时曾梦想改变世界,他的初衷本无可厚非,但前提是必须具备一定的能力和水平。在这之前,一切梦想都是空谈,所以他渐渐发现了自己的"无力"。

"我应该先改变自己",主教垂垂老矣之际的顿悟还是来得迟了些。其实,无论我们是否志存高远,甚至如主教般梦想改变世界,我们都应该从改变自己开始。因为每个人都不可能从一开始就是完美的,就是成功的,都可能会经历一个平凡的过程,甚至经历低潮和失败。这时,我们当抛弃好高骛远的奢念,不要梦想一下子就达到一个完美的境界、一个崇高的顶峰,而应该首先从改变自己开始,学会"独善其身"。当然,这并非让我们与世隔绝,不问世事,而是要加强自身修养,不断让自己的能力得到提升。当我们具备了一定的修养和处理事物的能力之后,才有可能"兼善天下"。这时候,我们再去实现心中的理想,再去帮助他人。

民为贵，社稷次之，君为轻

[原文]……

民为贵，社稷次之，君为轻。 选自《孟子·尽心下》

老百姓最为重要，代表国家的土神、谷神次之，君主为轻。这是孟子提出的"民贵君轻"的社会政治思想，具有民本主义色彩。

[名师讲谈]……

孟子一贯主张仁政治国，而其仁政学说的核心就是此处所说的"民贵君轻"，这实际上是一种"以民为本"的思想。

"民为贵"，是说人民的地位与权力是至高无上的，是最重要的。"社稷次之"，"社"在古代指土地之神，"稷"指五谷之神，后来"社稷"成为国家的代名词。孟子认为有了人民才需要建立国家，所以国家的地位要次于人民。"君为轻"，是说相对于人民和国家来说，君主的地位是三者中最轻的。因为在孟子看来，有了国家才需要有个"君"。这是孟子提出的社会政治思想，意为在社会政治结构中，人民是基础，是根本，甚至起着决定性的作用，民比君更加重要。紧接此句，孟子又说道："得乎丘民而为天子，得乎天子为诸侯，得乎诸侯为大夫。"意思是得到老百姓的拥护就可以做天子，得到天子的赏识就可以做诸侯，得到诸侯的赏识就可以做大夫。由此可见，一切政治权力从根源上来说，都是来自于老百姓。

孟子还说过一句话，讲的也是同样的道理。他说："保民而王，莫之能御也。"意思是保有和安抚百姓就可以称王天下，这是任何力量都不能抵挡的。《荀子·哀公》篇中也有一句"水能载舟，亦能覆舟"，将一个政权比做是"舟"，而百姓是"水"，水能载舟，同时也能把船弄翻。千百年来的历史也在不断证明着这个道理：凡是施行仁政、顺应民心的贤君，大都能使百姓安居乐业，使国家兴隆昌盛；反之，将最终走向灭亡。正所谓"得民心者得天下，失民心者失天下"，可见，百姓是国家的根本，这绝对是真理。

虽然孟子也曾说过"劳心者治人，劳力者治于人"这样表现阶级对立思想的话，但在两千多年前那个君权至上的时代，他能够如此鲜明地提出"民贵君轻"的主张，的确难能可贵，值得我们为他鼓掌喝彩。

[闲话人生]……

找朋友 有一个人他没有一个朋友，感到很寂寞。有一天，他看到一则广告——"有了电话，朋友就来！"于是他装了一部电话，希望朋友能够跟着来。

从此，他白天卖力地工作，晚上回家后就整宿盯着电话。他心里一直在想自己白天可能错过了不少电话。但是，他仍然感到寂寞，并开始为可能漏接电话而抓狂。

一天，他又看到一则广告——"有了录音机，朋友电话不漏接！"于是他在电话上装上了录音机。但是一个星期以后，他就把它退了，因为空空的录音机使房间更加寂寞。

[心灵捕手]……

牵牛要牵牛鼻子

不是有了电话就有了朋友，同理，不是有了金钱、权势、地位等就有了朋友，存着一颗真诚和主动热忱的心，才是交友之道中最重要的。故事中的那个人如果不明白这一点，他将永远处于寂寞之中。

我们做事情时也是一样，不可能将每件事情都做得很完美。这时候就需要我们对所有的事情进行整体的了解，弄清哪些事情是重要的，是亟需解决的，哪些事情是次要的，是可以缓一缓的。这样我们就可以先着手解决那些重要的和亟需解决的事情，从而提高办事的效率。我们面对其中某一件事情时也是如此，这件事情可能会千头万绪，让人无从下手。但是任何一件事情都会有一个最关键的要点，这个关键点将决定整件事情的成败。俗话说，"牵牛要牵牛鼻子"，只有抓住了解决事情的关键，才能使我们有限的精力发挥最大的作用，从而让事情得到完满的解决。

如果我们像故事中那个寂寞的人一样，做事情时仅将目光集中于那些次要的方面，势必白白耗费我们过多的精力，而事情的进展却毫无效果，或因忽略了重要方面而造成严重的后果。相信，这样的结果我们都不愿看到。

治学指导

……在学习方法方面，给你以科学指导……

- 孟子认为，"得天下英才而教育之"是人生三大乐事之一，所以他在教育上也倾注了很大的心血。他提出的许多关于学习的主张和见解很有见地，非常值得我们借鉴。

- 在学习方法上，孟子说："博学而详说之，将以反说约也。"他告诉人们要广泛涉猎，让自己积累丰富的知识，然后再深入浅出地表达出来，做到学以致用。在阅读一些文学作品时，他告诉人们"不以文害辞，不以辞害志"，而要"以意逆志"，正确理解和把握文章的主旨。孟子认为学习要靠自觉，强调学生要发挥主观能动性，因为"求则得之，舍则失之"，只要自己积极思考，努力探求，就能够获得"学问"。他还主张学习不要拘泥于书本，要有存疑精神，勇于发现问题，提出问题，即他那句著名的"尽信书，则不如无书"……

- 孟子的这些治学方法至今仍闪耀着睿智的光辉，给我们以有益的指导。

事半古之人，功必倍之

[原文]……

当今之时，万乘之国行仁政，民之悦之，犹解倒悬也。故事半古之人，功必倍之，惟此时为然。 选自《孟子·公孙丑上》

现在这个时候，若拥有万辆兵车的大国能施行仁政，那老百姓心中的喜悦，就像被倒挂的人得到解救一样。所以，只做到古人一半的事，就可以得到双倍于古人的功绩，也只有这个时候才行啊。这句话是说施行仁政能够让称霸天下取得很大的功效。

[名师讲谈]……

成语"事半功倍"就是由孟子的这段话而来，用来形容做事得法，费力小，收效大。

这段话的由来还得从孟子和他的学生公孙丑的一次谈话说起。有一次，孟子和公孙丑谈论统一天下的问题。他们从周文王谈起，说当时周文王以方圆仅一百里的小国为基础，施行仁政，历经困难，终于创立了丰功伟业。现在群雄争霸，老百姓都苦于战乱，而齐国领地何止千里，并且人口众多，国力强盛，这样一个大国，如果能推行仁政，那统一天下根本就是易如反掌，这与当时周文王所经历许多困难相比容易得多了。孟子最后说："像齐国那样的大国，如果能施行仁政，天下百姓必定十分开心，犹如被倒挂的人得到解救一般。所以，给百姓的恩惠只要达到古人的一半，而获得的效果必定能够加倍。"

孟子清楚地看到，在当时的诸侯国中，最有实力称霸天下的莫过于齐国。齐国具备了称霸的诸多条件，但"万事俱备，只欠东风"，只要齐国能够再施行仁政，则"民之归仁也，犹水之就下、兽之走圹也"（《孟子·离娄上》），意即百姓归向仁政，就如水往低处流、兽往旷野跑，那成就霸业自然是水到渠成，"事半功倍"。孟子还说过一句话，正好可以作为此处的反证，"尧舜之道，不以仁政，不能平治天下"（《孟子·离娄上》），是说即使有尧舜之道，如果不施行仁政，也不能治理好天下。所以，如果不施行仁政，而一味强调"霸道"治国，那就不是"事半功倍"了，而势必是"事倍功半"。

孟子这番"事半功倍"之语，不仅适用于施政，也适用于做其他事情，如人际交往、解决问题等，而对于我们的学习来说，更具有无穷的指导意义。

[**闲话人生**]……

钥匙　一把坚实的大锁挂在大门上，一根铁杆费了九牛二虎之力，还是无法将它撬开。

这时，钥匙来了。它将自己瘦小的身子钻进锁孔，然后只轻轻一转身，大锁就"啪"地一声打开了。

铁杆奇怪地问钥匙："为什么我费了那么大力气也打不开，而你却轻而易举地就把它打开了呢？"

钥匙说："因为我最了解它的心。"

[心灵捕手] ……

一把钥匙开一把锁

其实铁杆也能把大锁撬开，再想想，好像锤子也可以，锯子也可以……不过，这些方法毫无例外要耗费很多力气，且都会不同程度地对锁或门造成一定的破坏。而只有钥匙，才是打开大锁的最佳选择。

我们做事情也是一样，如果方法不对头而盲目去干，即使花费再多工夫也不一定有好的效果。但如果我们找到一个解决事情的好方法，那将是事半功倍。就像开锁一样，在学习中，我们也应该有一把钥匙，这把钥匙就是能提高成绩的学习方法。"铁杵磨针"的学习精神固然可嘉，但我们还要重视学习效率。学习效率从何而来？毫无疑问，当然要靠好的学习方法。

但是，每个人的情况都和别人不一样，所以我们要根据自身的情况选择适合自己的学习方法，而不要盲目照搬别人的。但同时，一些已经被证明了的正确有效的学习方法，我们也一定要尽量吸取过来。法国生理学家贝尔纳曾说过这样一句话："良好的方法能使我们更好地发挥天赋的才能，而拙劣的方法则可能妨碍才能的发挥。"所以，只要我们掌握了适合自己的学习方法，学习起来将会"事半功倍"，反之则会"事倍功半"。

一齐人傅之，众楚人咻之

[原文]……

一齐人傅之，众楚人咻之，虽日挞而求其齐也，不可得矣。 选自《孟子·滕文公下》

如果有一个齐国人教他人说齐国的语言，却有许多楚国人在旁边用楚国的语言吵闹，就算是每天鞭打这个人要求他学齐国的语言，他也不可能学会。孟子这句话说明了周围环境对人的影响的重要性。

[名师讲谈]……

没想到早在两千多年前，孟子就有关于"外语"学习方面的论述了。这段分析具体而生动，几乎可以收入学习外语的启蒙教材中去。其实，孟子这段话的本意还是在政治方面。

当时，宋国大夫戴不胜打算举荐贤人薛居州辅佐宋王。他以为只要有一个薛居州在宋王身边，宋王就会跟着行善。当他征询孟子的意见时，孟子便举了这样一个学习"外语"的例子。孟子借此说明，如果国君周围贤人比较多，那么国君就会和大家一起变得贤德；如果国君周围坏人比较多，仅仅只有一个贤人很难让国君有所作为。孟子借此强调如果希望国君有所作为，就要慎重选择身边的亲信，多接近贤人，少接近奸佞，因为周围的环境对人的影响是很大的。

"蓬生麻中，不扶自直；白沙在涅，与之俱黑。"（《荀子·劝学》)意思是说飞蓬生长在麻中间,不去扶它,它会自然而直;白沙放在黑沙土里,就和黑沙土一样黑。荀子这番话同样说的是环境对人的影响的重要性。就连墨子也曾以染丝为例,向自己的学生强调过这个道理。有一次,墨子把学生们带到一家染坊店里,他指着那些五颜六色的丝绢说:"这些丝绢本来都是白色的,当把它们放进黑色的染料中,它们就变成了黑色;当把它们放进黄色的染料中,它们就变成了黄色。染料一变,丝的颜色就会跟着发生变化。做人的道理和染丝一样,所不同的是,那丝是被人放进染料中的,如何做人则可以由自己做出选择。"

所以,我们一定要慎重选择自己的成长和学习环境,自觉地到良好的环境中接受熏陶。如此,我们必定会受益匪浅。

[**闲话人生**]……

一块石头 有个年轻人向一位智者请教成功的方法。智者交给年轻人一块石头,让他到菜市场门口卖,结果一整天无人问津。年轻人无奈地拿着石头来找智者,说:"这块石头一文不值。"智者让他第二天拿着石头到珠宝店门口去卖。结果,有人出价三十块钱要买这块石头。年轻人没有卖,而是拿着石头又来找智者。智者说:"明天你再拿到外国人经常出入的文物商店门口去试试。"结果,这天一个日本游客愿意出价三百块钱买这块石头。

年轻人突然醒悟，原来同样一块石头，放在不同的环境中产生的价值是不一样的。

[心灵捕手]……

近朱者赤，近墨者黑

同样一块石头，放在不同的环境里竟然产生不同的价值。石头尚且受环境影响，更何况我们人呢？

环境有好坏之分，一个人如果身处易于自己成长的良好环境中，他可以更好地塑造自己，发展自己；如果身处艰难或不良的环境中，他可能会在逆境中奋发，也可能会在沉沦中毁灭。所以，千万不要忽视环境对我们的影响。

"橘生淮南则为橘，生于淮北则为枳。叶徒相似，其实味不同。所以然者何？水土异也。"橘在不同的水土条件下，结出的果实味道不同，利于它生长的环境才能使它结出受人欢迎的果实。橘与石头自然不能与人相提并论，但其中"谋生"的道理还是有相通之处的，即所谓"近朱者赤，近墨者黑"。

与橘和石头相比，人拥有自主性，生存空间更广，生存技能也更强。对于生存环境，我们自然会选择有利于我们成长的环境，也可以说是本能的趋利避害。但如果我们别无选择，只能在不利的环境下成长，那就要充分发挥我们人类万物灵长的主观能动性，去创造有利的生存条件。

人之患在好为人师

[原文]……

孟子曰:"人之患在好为人师。"　　选自《孟子·离娄上》

孟子说:"人的毛病在于喜欢做别人的老师。"孟子这句话是在告诉我们,为学做人要保持谦逊的态度。

[名师讲谈]……

有个成语叫做"好为人师",就是从孟子这句话演变而来,形容不够谦虚,自以为是,好以教导者自居。

这里的"师"当然是老师的意思。唐代文学家韩愈在《师说》中曾说:"师者,所以传道,授业,解惑也。"意思是老师是来传授道理、讲授学业、解答疑难问题的人。如此说来,老师可是一个高尚的职业。而且,孔子也曾说过:"自行束脩以上,吾未尝无诲焉。"孔子的意思是说:只要是带着薄礼来求见我的人,我从来没有不给予教诲的。当然,孔子给予别人教诲并非贪图区区薄礼,而是表达了一种只要学生愿意学习,自己就愿意教诲的态度。说起孔子,可以称得上一个"好为人师"的典型,他有弟子达三千人,仅贤者就有七十二人,而且还屡屡称自己"诲人不倦"。那为什么在韩愈、孔子看来,"好为人师"没有问题,而到了孟子口中就一下子成了"人之患"呢?究其因,最关键的还是在于一个"好"字。

"好"就是喜欢。一旦一个人喜欢去教导别人,他就会不自觉地产生一种优越感，即使自己不如他人也会处处觉得高人一等，这就是一种自以为是的心态，就是孟子所说的"人之患"。反观孔子，首先，他有"为人师"的能力；其次，他从来没有自以为是，妄自尊大，相反却不耻下问，虚怀若谷。"三人行，必有我师焉"，不就是最好的证明吗？所以，他虽有弟子三千，却不成"患"，反而是"韩信将兵，多多益善"。

由此可见，孟子说的"好为人师"的人中当不包括具有真才实学的人，而是指那些"一瓶子不满，半瓶子晃荡"的人。这样的人最好有自知之明，别再"好心"地去教导别人。否则，他越是"诲人不倦"，越是"毁人无数"。

[闲话人生] ……

猫与小碟子　巴黎古董收藏家安达列先生下乡搜集古董，他在一个农夫家发现了一只中世纪时期的古董小碟子，主人却用它在给猫喝牛奶。

安达列惊喜极了，便问那位农夫："您这只小猫可真漂亮，我真想给我的小儿子买下来，那他准会高兴透了。您同意卖吗？"

"当然，您如果非常想买的话。"

安达列付了一大笔钱之后，说："这小猫一定习惯用这只旧碟喝牛奶，我可以把这只碟子也一块儿拿走吗？"他说着便伸手去拿那碟子。

"那可不行，先生。"农夫嚷道，"您还是把碟子放下吧，它使我两天之内卖掉了六只猫。"

[心灵捕手]……

我们有多少自以为是

聪明反被聪明误。这位古董收藏家以为自己很聪明，结果上当的却是他自己。生活中这类人很常见，他们总以为自己聪明绝顶，而别人傻瓜透顶，于是在自以为是的心态中渐渐地飘飘然起来。可是，一旦事到临头，真正要他发挥作用的时候，他却怎么都找不到"北"了。

学习也同样如此，遇到问题时，往往有许多人不喜欢向老师、同学或其他人请教。如果仅仅如此也就罢了，他们还总是觉得自己什么都知道，什么都在行，于是便摆出一副万事通的面孔来，处处卖弄自己的学问，这就是好为人师，自以为是。要知道，这种人所掌握的知识充其量仅是知识海洋中的一滴而已，如此便夸夸其谈，觉得自己很了不起的话，那未免太浅薄了。这是一种骄傲自满、故步自封的表现，其结果必将很难再有进步。

我们不仅不该"好为人师"，反而应该虚心向别人求教。当你的修养超越了别人，那时候你再去"好为人师"，就没人会认为你是"人之患"了。

资之深，则取之左右逢其原

[原文]……

孟子曰："君子深造之以道，欲其自得之也。自得之，则居之安；居之安，则资之深；资之深，则取之左右逢其原，故君子欲其自得之也。" 选自《孟子·离娄下》

孟子说："君子遵循正确的方法来加深造诣，是希望自己有所领悟。自己有所领悟，掌握得就比较牢固；掌握得比较牢固，就能够积累深厚；积累得深厚，用起来就能够取之不尽，左右逢源。所以，君子总是希望自己有所收获。"这段话是说学习不仅要靠用功，还要透过自己的体会和领悟去掌握真知。

[名师讲谈]……

"自得"，简单地理解就是自己有所领悟，是中国古代哲人们的一种独特的思想方法。它不依赖于外在的传授，不人云亦云，而是以自己的独到体验，从自然和人生中"自得"出人生的哲理。

"自得"思想在中国有着深远的渊源。《庄子·外篇·知北游第二十二》中就有："夫体道者，天下之君子所系焉。"意思是体悟大道的人，天下一切有道德修养的人都将归附于他。魏晋著名玄学家郭象曾为这句话作注，认为"至道"不是语言概念所可得，只有主体的亲自体验即"自得"才能真正"体道"。这便是"自得"思想的萌芽。

及至孟子，他在此明确提出了"自得"的概念。他此处所说的"道"，指的是所凭借的正确方法；而"自得"则指自己有所领悟，自然而然地得之于己心。对于"自得"，后世玄学、理学等不同的思想流派也在不断地强调并丰富着其内涵。比如明代著名理学家陈献章谈到读书与为学的关系时便曾叹曰："夫学贵自得也。自得之，然后博之以载籍。"

古往今来，许多有成就的人都重视"自得"，圣贤孔子就是其中之一。孔子曾向师襄子学琴，一首曲子学了好长时间，可孔子还是反复练习。师襄子多次告诉孔子，说他已经弹得很好了，可以学些新曲子了。但孔子却依然认真地反复弹奏，他要么说自己还没熟练掌握弹琴的要领，要么说还没领会乐曲的内涵，要么说还没体会作曲者的志趣为人。一段时间之后，孔子终于说道："我体会到作曲者是什么样的人了，他肤色黝黑，身材高大，目光深邃，心系苍生，胸怀天下，除了周文王还能是谁呢？"师襄子听后，赶紧离座向孔子拜了两拜，说："我的老师也认为这正是《文王操》啊！"

像孔子这样的人都如此好学，重视"自得"，我们又有什么理由不去这样做呢？

[闲话人生]……

没时间磨锯　树林中有一个正在锯树的人,已累得筋疲力尽。

"你干了多久了?"一个过路人问他。

"五个多小时了,"锯树的人回答,"这是件重活。"

"你为什么不停几分钟,先把锯磨快再干呢?"过路人说。

"我忙得哪有时间磨锯啊!"锯树的人说。

[心灵捕手]……

学贵自得

孔子向师襄学琴,他通过自己一遍遍地认真弹奏和体悟,终于领会了乐曲的内涵,体会了作曲者的志趣为人;锯树的人只顾一味地蛮干,却不知道去磨磨自己的锯子,他自以为这样为锯树争取了时间,事实上却是"误了砍柴功"。

孔子的"自得"与锯树人的"不自得",造就了两人不同的体悟与结果。所以,我们做事一定要勤于思考,努力找到解决问题的好途径。

同理,学习中我们也应当调动内在的动机,通过自己的求索钻研,最终收获自己的见解,即孟子所说的"自得"。尤为重要的一点是要有独立思考的精神,务求理解其中的真意,收获真知。与此同时,你也会发现自己的悟性在提高,这更是你汲取新知的有力"武器"。

博学而详说之，将以反说约也

[原文]……

孟子曰："博学而详说之，将以反说约也。"

选自《孟子·离娄下》

孟子说："广博地学习，详尽地解说，目的在于融会贯通后归于简约。"孟子这句话强调的是一种驾驭知识的能力。

[名师讲谈]……

在读书学习方面，孟子有不少精彩的论述，"博学而详说之，将以反说约也"就是其中之一。

孟子这句话告诉人们，读书学习首先要广博地学习，详尽地阐述，从而打下扎实的基础。但读书学习又不仅止于此，其最终的目的是将掌握的这些知识融会贯通，抓住问题的关键，然后深入浅出地表达出来，从而达到运用自如的境界。这句话后来渐渐演变为成语"由博返约"，成为历来指导人们学习的方法之一。

其实，除了孟子，孔子也曾就"博"与"约"进行过论述。他说学习应当"多问"、"每事问"、"无常师"，以拓宽自己的知识面。要做到知识面广但不能杂乱无章，必须有一个中心加以统帅，也就是："君子博学于文，约之以礼，亦可以弗畔矣夫。"（《论语·雍也第六》）意思是君子要广泛地学习一切知识，并且用礼来约束自己，这样就可以不背离君子之道了。朱熹曾对此评注道："君子学欲其博，故于文无不考；守欲其要，故其动必以礼。"孔子所强调的"博学于文"自不必说,"约之以礼"的"礼"便是"其要",便是孔门弟子治学和修身所应把握的重点。

再来看孟子的由博返约,它强调的是一种驾驭知识的能力。假如我们不能做到这一点,即使掌握了再多的知识,也只能是一堆死知识,渐渐烂在肚子里。即便是有机会向别人滔滔不绝地炫耀,那也只能是令听者昏昏,保不准对方还会送上一句:"你不说我还明白,你越说我越糊涂。"而只有真正地深入钻研所学知识,层层抽丝剥茧,掌握其简明精要之处,才能做到深入浅出,做到真正地为我所用。

[**闲话人生**] ……

袋鼠与笼子 一天,动物园管理员发现袋鼠从笼子里跑出来了,于是召集所有的管理员开会讨论对策。管理员们一致认为,笼子的高度过低是袋鼠能够从笼子里跑出来的根本原因。最后,会议决定将袋鼠笼子的高度由原来的10米加高到20米。结果,第二天他们发现袋鼠又跑到了外面,于是他们又决定再将笼子的高度增加到30米。

没想到第二天袋鼠又全跑到外面了。管理员们大为紧张,决定一不做二不休,将笼子的高度加高到100米。

一天,长颈鹿和几只袋鼠在闲聊。"你们看这些人会不会再继续加高你们的笼子？"长颈鹿问袋鼠们。"很难说，"一只袋鼠说，"如果他们再继续忘记关门的话！"

[心灵捕手]……

学习要由博返约

管理员只顾笼统地将笼子增高再增高，却没有抓住问题的关键——笼子的门没有关。我们在学习上应该引以为鉴，不要只顾一股脑地将知识往脑袋里装，要通过分析理清脉络，抓住这些知识的简明精要之处，做到由博返约。

我们首先应该广泛涉猎，博览群书，让自己积累丰富的知识。关于这点，鲁迅在《读书杂谈》中曾说过："爱看书的青年，大可以看看本分以外的书……即使和本业毫不相干的，也要泛览。"正所谓"不积跬步，无以至千里；不积小流，无以成江海"，拥有丰富的知识储备，才不至于让我们的知识面过于狭窄，才能为将来的成功打下坚实的基础。

但是，我们不能仅仅简单地将这些知识存储在自己的大脑中，我们还要对它们进行理解和消化，进行提炼和吸收，这就是一个由博返约的过程。只有这样，我们才能做到深入浅出，学以致用，真正形成自己的知识架构。

不以文害辞,不以辞害志

[原文]……

故说诗者,不以文害辞,不以辞害志。以意逆志,是为得之。 选自《孟子·万章上》

解说诗的人不因为个别文字而误解词句的意思,不因为个别词句而歪曲诗的本意。要用自己的体会揣度诗人的本意,这样才对。这句话论述了孟子关于读书要知人论世的主张。

[名师讲谈]……

在孟子的治学主张中,有一个著名的观点叫"知人论世"。它源于孟子的一句话:"颂其诗,读其书,不知其人,可乎?是以论其世也,是尚友也。"(《孟子·万章下》)这句话是说,如果对古人的作品进行吟诵和研读,需要了解古人的为人,需要研究他们所处的时代。"故说诗者不以文害辞,不以辞害志。以意逆志,是为得之。"这句话论述的同样是"知人论世"的观点。

"知人",就是了解作者的生平、人生经历、心路历程等,我们了解得越透彻,就越能深入地走进作者的心;"论世",就是要了解作者所处的社会环境、自然环境等,只有这样,我们才能更好地理解作者寄托于作品中的思想情感,读出作品背后的意义。孟子此处说得更为细致,"不以文害辞,不以辞害志。以意逆志",一字一句都要符合作者的本意,还要站在作者的立场上,用自己的体会去揣度作者的本意。

清代章学诚曾说:"不知古人之世,不可妄论古人文辞也。知其世矣,不知古人之身处,亦不可以遽论其文也。"说的也是同样的道理。我们掌握了这一原则,将有助于更好地理解古人及其作品。比如孟子给他的弟子咸丘蒙举例说:"《诗经》里有一首诗,描写周朝时曾旱灾严重,老百姓死了不少。诗人说:'周馀黎民,靡有孑遗。'如果照字句表面的意思理解,就是没有一个人活下来,然而事实并非如此。"孟子以此教育弟子不要断章取义,割裂个别字句来曲解本意。再如,李白《秋浦歌》中有"白发三千丈"一句,我们用"以意逆志"的方法读后,知道这是夸张的修辞,用来表现诗人内心的愁绪,所以绝不会想到拿尺子去量那"三千丈的白发"。

直到今天,我们在对一些文学作品进行解读时,孟子的这一观点仍具有重要的指导意义。

[闲话人生]……

小飞行员　一天,美国知名主持人林克莱特在节目中问一名小朋友:"你长大后想要当什么呀?"小朋友天真地回答:"嗯……我要当飞机的驾驶员!"林克莱特接着问:"如果有一天,你的飞机飞到太平洋上空时所有引擎都熄火了,你会怎么办?"小朋友想了想,说:"我会先告诉坐在飞机上的人绑好安全带,然后我挂上我的降落伞跳出去。"现场观众顿时都笑得东倒西歪。

林克莱特继续注视着这孩子,想看他是不是自作聪明的家伙。没想到,这时候孩子的两行热泪却夺眶而出,这才使得林克莱特发觉这孩子的悲悯之情远非笔墨所能形容。于是他继续问这位小朋友："为什么要这么做？"小朋友的答案透露出一个孩子真挚的想法："我要去拿燃料，我还要回来！"

[心灵捕手] ……

知其然，知其所以然

　　故事中的主持人和现场观众只听了孩子说的一部分话，就妄下结论，认为他要独自逃生，但他们却不了解孩子内心"真挚的想法"——去拿燃料，然后再回来救大家。所以，对一件事物，我们要看清它的本质，不能被表象迷惑。

　　学习亦是如此，对于那些知识营养，一定要将它们牢固地掌握。这一点是毋庸置疑的，也是对我们最基本的要求。但是，对于这些知识，我们不仅要"知其然"，还要"知其所以然"，把它们理解透彻。比如，在学习一些文学作品时，我们不仅要读懂、弄通作品所讲的内容，还要深入地探究作者的生平和为人，全面了解他所处的时代背景，这样才能真正理解作者写作的用心，读出作品蕴涵的深意。这便是孟子所说的"以意逆志"。

求则得之，舍则失之

[原文]……

求则得之，舍则失之。 选自《孟子·告子上》

一经探求就会得到它，一旦放弃就会失去它。这句话强调要重视实际行动。

[名师讲谈]……

这句话是孟子在解答弟子公都子关于"性善"的问题时所说。

我们知道，孟子主张"性善"，但他的弟子公都子却对这一观点提出了疑问。公都子首先引出告子的观点："性无善无不善。"意思是人的本性无所谓善与不善。接着，公都子又举出另外两种观点：一是有人说"性可以为善，可以为不善"，意思是人的本性可以让它善，也可以让它不善；二是有人说"有性善，有性不善"，意思是有本性善良的，有本性不善良的。在列举了这三种常见的观点后，公都子便向老师提出了疑问："您说人本性是善良的，那么这些说法都是不对的吗？"

孟子针对弟子的这一提问，说了自己的看法。他认为，人不仅性本善，就连仁、义、礼、智这四种道德品质也都是人们本身就有的，只不过我们平时没有去想它，所以没有察觉罢了。只要我们去探求就会得到它们，一旦放弃就会失去它们，即"求则得之，舍得失之"。

这之后，在《孟子·尽心上》中，孟子又提到："求则得之，舍则失之，是求有益于得也，求在我者也。"在《孟子·告子上》中，他又说:"思则得之,不思则不得也。"这些都是对这一看法的重申和强调。

其实,在孟子之前,孔子也说过类似的话,而且这话还被孟子引用过,那就是"操则存,舍则亡"句,意思是抓住了就存在,放弃了就失去。在孟子之后,荀子也表达过这样的意思,"道虽迩,不行不至;事虽小,不为不成",意思是路程虽近,不走就达不到目的地;事情虽小,不做就成功不了。无论是孔子、孟子,还是荀子,他们都表达了一个意思,那就是面对一件事物,一定要发挥自己的主观能动性,付诸行动,尽力去完成。

[**闲话人生**] ……

猎狗和野兔　一位猎人带着一只健壮的猎狗在森林里打猎。

砰的一声枪响后,一只小野兔拖着受伤的后腿全力逃跑,猎狗及时地追了过去。

猎狗追了一段路程,没能追上,就回到了主人身边。猎人生气地责备它:"你一只强壮的猎犬,为什么连一只受伤的兔子都追不上?"猎狗望着主人:"主人啊,我是忠于您的,我已经尽力了,确实没办法追上那只兔子。"

小野兔逃回到洞里,同伴得知情况后很吃惊,问:"你一只受伤的小兔子,怎么跑得过一只强壮的猎狗呢?"小野兔回答:"情况不一样啊!猎狗是在为生活奔跑,它只是'尽力'了而已;我是在为生命奔跑,我是全力以赴啊!"

[心灵捕手]……

阳光总在风雨后

很多人都渴望自己学习进步、事业成功,可是你主动去付出努力了吗?努力的程度又如何呢?是像故事中的猎狗一样"尽力"了,还是像受伤的小野兔一样在"全力以赴"呢?

很多时候,影响事情成败的往往是自己的态度,而非能力。只有自己首先肯付出努力,才会有成功的可能。如果我们再全心全意,全力以赴,相信没有什么事情可以难倒我们。

就拿读书学习来说,它素来就是靠自觉才能做好。如果一个人抱着尽义务的心态去读书学习,势必享受不到读书的乐趣,反而会将其视为一种负担。"求则得之",我们只有自觉地去孜孜以求,才能将其化为一种内在的动力,从而使自己的学业得到进步。相反,"舍则失之",如果我们没有这种自觉学习的心态,甚至放弃学习,那么良好的成绩从何而来?真知往往是在刻苦求学中获得的,所以,我们在拥有一个自觉学习的心态的同时,还要全力以赴,以百分之百的热情投入到学习中。

非天之降才尔殊也

[原文]……

孟子曰:"富岁,子弟多赖;凶岁,子弟多暴,非天之降才尔殊也,其所以陷溺其心者然也。"

选自《孟子·告子上》

孟子说:"丰收年成,少年子弟多半懒惰;灾荒年成,少年子弟多半暴力。不是他们天生资质不同,而是由于外部环境使他们的心变坏了的结果。"这段话强调的是教育环境对人的影响。

[名师讲谈]……

之前,我们已经提到过环境对人的影响作用,即"一齐人傅之,众楚人咻之,虽日挞而求其齐也,不可得矣"。现在,我们再来讲教育环境对人的影响。

孟子虽然相信"性善",但也没有忽视后天环境对人性情的改变,所以才有"富岁,子弟多赖;凶岁,子弟多暴。非天之降才尔殊也,其所以陷溺其心者然也"这样一番话。孟子认为,当人们生活在富足的环境时,容易养成懒惰的性格;当生活在灾荒年代时,容易养成横暴的性格。孟子以种植大麦为例,当人们将同样的大麦种子撒进地里,如果土地的贫瘠相同,播种时间相同,各人便会收成一样。如果土地有贫有瘠,雨露滋养有多有少,人们辛勤劳作的程度有好有坏,收成便会有差异。

其实，抛开这些例子，孟子自身的经历更能说明教育环境对人的影响。孟子小时候非常调皮，孟母为了让他接受好的教育，颇费了些心思。母子二人起初住在墓地旁，时间长了，孟子便每天和邻居小孩一起玩办理丧事的游戏。孟母觉得这个地方不适合孩子居住，就带着孟子搬到了市集旁。在这里，孟子又和邻居小孩学起商人做生意的样子。孟母觉得这个地方也不适合孩子居住，于是又把家搬到了学校附近。从此，孟子开始变得守秩序、懂礼貌、喜欢读书了。这就是"孟母三迁"的故事。也许正因孟子有这样的切身体会，他才如此看重教育环境对人的影响。

对于我们来说，身处好环境中时，要善加利用；身处不好的环境中时，更要勤奋刻苦，努力消除不良环境对自己的影响。所以，不管好的环境还是不好的环境，我们都应该努力奋斗，而不要像孟子所说的那样，于"富岁"时"赖"，于"凶岁"时"暴"。

[闲话人生] ……

走出枯井 农夫的一头驴子不小心掉进一口枯井里，农夫绞尽脑汁也没办法把它救出来。最后农夫决定放弃，并请人帮忙一起将井中的驴子埋了，以免除它的痛苦。于是，大家开始将泥土铲进枯井中。

井中的驴子开始凄惨地嘶鸣，但不久之后，它却又安静下来了。农夫好奇地探头往井底看去，眼前的景象令他大吃一惊：当铲进井里的泥土落在驴子的背部时，驴子的反应令人称奇——它将泥土抖落在一旁，然后站到铲进的泥土堆上面！就这样，这只驴子很快便得意地上升到井口，然后在众人惊讶的表情中快步跑开了。

[心灵捕手]……

把困难当做垫脚石

掉进枯井的驴子也曾悲哀过，但面对生死抉择，它并没有放弃，而是抖落身上的泥土，通过自己的努力脱离了困境。

在生活和学习中，我们难免会遭遇困境，也许是生活条件的困窘，也许是学习环境的恶劣，再往小处说，也许是学习中遇到的个别难题，它们就如同加诸在我们身上的"泥土"。这时候，只要我们锲而不舍地将它们抖落掉，然后站上去，就能将这些埋葬我们的"泥土"化为向上的垫脚石，而我们也将在这个努力奋斗的过程中让自己的能力得到提升。

在困苦的环境中奋斗成功、学业有成，的确让人钦佩。但是在优越的生活条件下、在优雅的学习环境中，如果仍能时时要求自己不断进取，则是更大的挑战。我们知道"梅花香自苦寒来"，但也了解"逸豫可以亡身"，所以无论是"富岁"还是"凶岁"，都要时刻保持清醒的头脑和向上的激情。

学问之道无他，求其放心而已矣

[原文]……

学问之道无他，求其放心而已矣。 选自《孟子·告子上》

学问之道没有什么，不过就是把那失去了的本心找回来罢了。孟子认为学问的根本就在于"求其放心"。

[名师讲谈]……

要理解这句话，我们首先要明白这里的"学问"和"心"各指什么。我们知道，儒家将一个人的修身养性视为最重要的"学问"。因为在他们看来，学问之道就是做人之道，加强伦理道德的修养才是教育和学习的根本目的。所以，此处的"学问"更多的是指孟子的人格修养论，而不仅仅是我们现在所理解的客观知识。

至于"心"，它是孟子学说中的一个重要概念。在《孟子》一书中，除去人名中所包含的"心"字，全书共出现过一百多次。它有时指良心、本心，有时指恻隐之心、羞恶之心等。至于此处的"心"指的是什么呢？孟子在说"学问之道无他，求其放心而已矣"这句话时，曾先说了这样一句："仁，人心也；义，人路也。"意思是仁是人的本心，义是人的大道。前后联系，我们可以知道，这个"心"指的是本心，是人本性善的"善"心。

但孟子认为，一个人如果不按"仁"和"义"的标准行事，是十分可悲的，即随后他说的"舍其路而弗由，放其心而不知求，哀哉"，意思是放弃了大道不走，失去了本心而不知道寻求，那将是一件很悲哀的事情。而且，孟子以发生在人们身边的小事打比方，说有的人鸡狗丢失了倒晓得找回来，本心失去了却不知道寻求。这未免太不懂得孰轻孰重了吧，这样的人可怎么做"学问"啊？别急，孟子不光提出了存在的问题，还给出了解决的良方。他以轻松的口吻说道："学问之道无他，求其放心而已矣。"学问之道没有什么，最重要的是要把失去了的本心找回来。由此，孟子将自己的观点自然而然地引了出来。

"求其放心"是孟子的"学问之道"，它同样可以成为我们的学问之道、学习之道，那就是找回自己的散逸之心，这是一切学习的开始，然后我们心无旁骛，专心学习。

[闲话人生] ……

10减1等于几　一家公司招聘职员，主考官向每个面试者问了这样一道题：10减1等于几？

有的面试者神神秘秘地趴在主考官的耳边说："你想让它等于几，它就等于几。"

有的面试者人自作聪明地说："10减1等于9，就是消费；10减1等于12，那是经营；10减1等于15，那是贸易；10减1等于20，那是金融；10减1等于100，那就是贿赂。"

只有一个应试者回答等于9，还有点犹犹豫豫。主考官问他为什么犹豫，这位应试者说："我怕照实说会显得自己很愚蠢。"最后，这个人被录用了。

事后有人问主考官为什么会出这道题，主考官说："我们公司的宗旨就是'不要把复杂的问题看得过于简单，也不要把简单的问题看得过于复杂'。"

[心灵捕手]……

学会心无旁骛

一个如此简单的算术题，答案竟然那么花样百出。看来，那些"聪明"的面试者心里想得太多了，用孟子的话说就是"放其心"。所以，要想有所收获，还是得像那个诚实的面试者一样，心无旁骛，保有自己的"本心"。

其实，所谓"本心"既易得又难得。易得之处在于，"本心"发自心灵，属于人的善良美好的真心本性；难得之处在于，人终究难免受各种社会不良环境的影响，"本心"很容易被忽略、被遗失。如果一心求"学"有所长，那就需要找回自己散逸的心，只有把持好自己，将自身修养这个"学问"做好了，才能专心致志地投入到学习知识这个"学问"中。而落实到实际的学习知识的过程中，有了"本心"，做到心无旁骛，知识便会像垒土一样，逐渐为我们搭建起"千尺楼台"，帮助我们提升高度。

有科学家研究发现，人的大脑只有在持续不间断地处理一件事务时才能发挥最佳功能，专心致志地做事效果更佳。既如此，我们为何不专心呢？

尽信书，则不如无书

[原文]……

孟子曰："尽信书，则不如无书。"

选自《孟子·尽心下》

孟子说："完全相信《尚书》，还不如没有《尚书》。"孟子告诉人们，读书要善于独立思考，不要拘泥于书本或迷信书本。

[名师讲谈]……

关于读书学习，孟子给我们留下了不少精彩的论述，诸如前面讲过的深造自得、由博返约，再有这里的"尽信书不如无书"，对我们的读书学习可谓大有裨益。

孟子说这句话的时候，是因为对《尚书》中关于武王伐纣的有关记载产生了怀疑。原来，在《尚书·武成》篇中，记载着周武王讨伐商纣王的一段历史，描述了当时激烈的战争场面，以至于战场上流淌的血都足以把杵漂起来，可见这是多大的伤亡。但是，孟子却不相信这段记载，他认为，凭借周武王这样极仁的人去讨伐商纣王这样极不仁的人，怎么会使血流成河呢。

姑且不论孟子的怀疑有没有道理，单就他这种读书的态度就值得我们学习。要知道，《尚书》是由儒家的鼻祖孔子编撰，被尊为儒家的经典，在当时占据相当权威的地位。但孟子不盲从权威，保持独立思考，勇于怀疑，这实在难能可贵。但是，对于我们许多人来说却做不到这一点，反而觉得圣贤大家所说的话就是权威，印在书本上的字就是真理，其结果必然成为唯书本是从的书呆子。战国时期那个纸上谈兵的赵括不就是一个历史典型吗？

赵括是赵国名将赵奢的儿子，他在年轻时就读了很多兵书，说起作战用兵的方略来头头是道，很多人都认为他是大将之才。而实际上，他只会空谈理论，不懂得实际带兵打仗，难当大任。秦国进攻赵国，赵国大将廉颇采取修筑壁垒坚守的方法，在长平与秦军展开了对峙。后来，秦国派人散布谣言，说秦军不怕廉颇，只怕赵括。赵王听信了这些话，就改派赵括代替廉颇。赵括不考虑战场上不断变换的战况，而是死板地按照兵书上的策略进行部署，最终兵败身死。

赵括身死，还留下千古笑柄，这就是尽信书的结果。所以，孟子的话确有道理，我们读书时一定要有存疑精神，不能盲目地迷信书本。

[闲话人生]……

卖木梳 有一家公司在招聘营销主管时，出了一道实践性试题：想办法把木梳尽量多地卖给和尚。出家人怎会用到木梳？许多应聘者望难而退，最后只剩下甲、乙和丙三个应聘者。

甲游说和尚买梳子，却惨遭和尚责骂。返回途中，他遇到一个小和尚正使劲挠头皮。甲灵机一动，递上木梳，小和尚用后满心欢喜，于是买下一把。乙去了一座名山古寺，他看到进香者的头发都被吹乱了，冥想之后，找到寺院的住持，建议住持在香案前放把木梳，供善男信女梳理鬓发。住持采纳了他的建议。那山有十座庙，于是他卖掉了10把木梳。丙到了一个香火极旺的深山宝刹，朝圣者络绎不绝。丙对住持说："凡进香者多怀虔诚之心，宝刹应有所回赠。我有一批木梳，您的书法超群，可刻上'积善梳'三字，可作赠品，鼓励其多做善事。"住持大喜，立即买下1000把木梳。

[心灵捕手] ……

生活因善思而不同

　　向和尚推销梳子，简直是无稽之谈，所以一些应聘者没加考虑便退出了竞争。而甲在推销过程中的"灵机一动"、乙的一番"冥想"、丙的一个"积善梳"的绝妙策划，让他们各有获益。看来，一些现成的观念和事物有时候会迷惑我们的双眼，阻塞我们的思维，妨碍我们的判断，而思考却能够拨云见日，令晴空显现。

　　生活因思考而精彩，学习因思考而快乐。书中记载了许多知识，前人总结了许多经验。但是我们却不能盲从，因为书本记载和前人言论也可能有误；再者，科学知识也在不断发展，不可能都是毫无瑕疵的。所以，我们要善于动脑，在积极思考的基础上敢于怀疑，勇于探索。其他事情同样如此，我们不能过于盲从"权威"，要善于思考，根据事实来判断问题。"不唯上、不唯书、只唯实"，这才是我们所应坚持的。

图书在版编目（CIP）数据

《孟子》中的大智慧/龚勋主编. —汕头：汕头大学出版社，2012.1（2021.6重印）
ISBN 978-7-5658-0531-8

Ⅰ. ①孟… Ⅱ. ①龚… Ⅲ. ①儒家②孟子-青年读物③孟子-少年读物 Ⅳ. ①B222.5-49

中国版本图书馆CIP数据核字（2012）第008811号

《孟子》中的大智慧
MENGZI ZHONG DE DA ZHIHUI

总 策 划	邢 涛	印 刷	唐山楠萍印务有限公司
主 编	龚 勋	开 本	705mm×960mm 1/16
责任编辑	胡开祥	印 张	10
责任技编	黄东生	字 数	150千字
出版发行	汕头大学出版社	版 次	2012年1月第1版
	广东省汕头市大学路243号	印 次	2021年6月第7次印刷
	汕头大学校园内	定 价	34.00元
邮政编码	515063	书 号	ISBN 978-7-5658-0531-8
电 话	0754-82904613		

● 版权所有，翻版必究　如发现印装质量问题，请与承印厂联系退换